40 Anos de Teoria da Literatura em Portugal

40 Anos de Teoria da Literatura em Portugal

Ricardo Namora
2011

40 ANOS DE TEORIA DA LITERATURA EM PORTUGAL
AUTOR
Ricardo Namora
EDITOR
EDIÇÕES ALMEDINA, S.A.
Rua Fernandes Tomás nºs 76, 78, 80
3000-167 Coimbra
Tel.: 239 851 904 · Fax: 239 851 901
www.almedina.net · editora@almedina.net
DESIGN DE CAPA
FBA.
PRÉ-IMPRESSÃO
AASA
IMPRESSÃO E ACABAMENTO
PAPELMUNDE, SMG, LDA.

Maio, 2011
DEPÓSITO LEGAL
328140/11

OBRA PUBLICADA COM O APOIO DE:

A presente publicação insere-se no Grupo "Poéticas" (coordenação de Marta Teixeira Anacleto) do Centro de Literatura Portuguesa, Unidade de I&D financiada pela Fundação para a Ciência e a Tecnologia, ao abrigo do Programa Operacional Ciência e Inovação 2010.

Apesar do cuidado e rigor colocados na elaboração da presente obra, devem os diplomas legais dela constantes ser sempre objecto de confirmação com as publicações oficiais.
Toda a reprodução desta obra, por fotocópia ou outro qualquer processo, sem prévia autorização escrita do Editor, é ilícita e passível de procedimento judicial contra o infractor.

BIBLIOTECA NACIONAL DE PORTUGAL – CATALOGAÇÃO NA PUBLICAÇÃO
NAMORA, Ricardo
40 anos de teoria da literatura em Portugal
ISBN 978-972-40-4494-1
CDU 82.0(469)

AGRADECIMENTOS

Um primeiro agradecimento, caloroso, deve-se ao Professor Osvaldo Silvestre, por tudo, sendo que o tudo é muito e já me faltam palavras para lhe agradecer. Um segundo, igualmente caloroso, vai para a Professora Marta Teixeira Anacleto e para o Professor José Augusto Bernardes, por toda a dedicação e empenho que devotaram a este projecto. Agradeço também, com eterna gratidão, aos Professores António M. Feijó e Miguel Tamen (de quem tive a honra de ser aluno), e ao Professor Aguiar e Silva que, em tempos mais recentes, me agraciou com a sua amizade intelectual.

Devo um agradecimento fraterno a pessoas que começaram comigo esta caminhada, e sem as quais já não me imagino. Obrigado por tudo, Isabel, Margarida, Vera Macedo, Graça, Vanda e Pedro, Sónia e João Saraiva Pinto. Obrigado também ao Rui Mateus, pela revisão rápida e cuidadosa que fez deste trabalho.

Do fundo do coração, agradeço à Lara e ao Zico (pelo carinho), à minha mãe e ao meu irmão, aos meus tios e avó (pela paz e amizade com que tão generosamente me presenteiam), aos meus primos, à família de Lisboa (que está sempre a torcer por mim), à do Porto (pela mesma razão) e à do meu avô, um patriarca exemplar. Por fim, agradeço a todos os meus amigos, que por serem poucos são bons.

IN MEMORIAM

C. A. S. A., H. S. R. N., J. M. B. M. T.

PREFÁCIO

Uma forma preliminar de abordar este livro de Ricardo Namora consistiria em admitir que ele nos demonstra, uma vez mais, a pertinência daquela tese segundo a qual palavras criam coisas ou, se se preferir, fazem mundo. As duas expressões – «criar coisas» e «fazer mundo» – não são rigorosamente a mesma, o que só nos esclarece sobre a dificuldade da relação proposta entre palavras, de um lado, e coisas ou mundo, do outro. De facto, as palavras contidas na designação «Teoria da Literatura» criaram coisas em Portugal desde 1957: uma disciplina académica da área das Humanidades, logo nesse ano; e um famoso livro, com primeira edição uma década depois, em 1967, da autoria de Vítor Manuel de Aguiar e Silva, na mesma editora que agora publica o livro de Ricardo Namora. É duvidoso, porém, que tenham feito mundo logo em 1957. Em rigor, a Teoria da Literatura *faz mundo* em Portugal *a partir de* 1967, acompanhando a fortuna editorial e académica do livro de Aguiar e Silva, que aliás teria, em Espanha, onde foi traduzido numa prestigiada casa editorial, no Brasil e na Hispano-América, um impacto que seguramente nenhuma outra obra portuguesa na disciplina, ou mais latamente nas Humanidades, viria a conhecer desde então.

O mundo que a Teoria da Literatura fez em Portugal a partir desse ano de 1967 foi-se confundido, para o bem e (segundo uns tantos) para o mal, com o próprio mundo dos estudos literários, que alcançaria nas décadas de 80 e 90, com a expansão do sistema de Ensino Superior, mas também com os «efeitos de tradução» deste no Ensino Secundário, o seu momento de máxima irradiação, bem patente nas edições que o livro em causa viria a conhecer nessas décadas, após a sua decisiva e, na prática, derradeira revisão, na quarta edição com data de 1982.

Esta confusão entre a Teoria da Literatura e os estudos literários foi sendo denunciada desde os anos 60, numa linhagem que teve muito provavelmente em João Gaspar Simões o seu precursor, sintomaticamente numa posição exterior à academia. E transformou-se hoje num gesticular que imputa à Teoria da Literatura as responsabilidades por tudo aquilo que correu mal na narrativa novecentista dos estudos literários – gesto que se vai tornando mais frequente quanto mais alargada é a percepção de que *algo correu mal*. Como sabemos, para que a imputação funcione, necessário se torna narrativizá-la, recuperando um tempo anterior, no qual tudo correria (pelo) melhor. O problema é que em Portugal é difícil recuperar um tempo em que os estudos literários tivessem sido particularmente produtivos e fecundos, antes da Teoria da Literatura. Noutras paragens, como, para não irmos mais longe, a vizinha Espanha, em que a filologia, na sua aliança com a retórica como *modelo natural* de estudo da linguagem literária, longamente imperou, esse tempo é muito mais reconhecível, e daí as resistências que a Teoria da Literatura sempre encontrou na universidade espanhola, ou a peculiar aliança que Teoria, Retórica e Filologia foram aí estabelecendo (coisas muito semelhantes se poderiam dizer da situação italiana, substituindo apenas Teoria por Semiótica, já que em rigor esse foi o nome da versão local da teoria literária). Em Portugal, o impressionante triunfo da Teoria da Literatura só pode significar que aquela versão dos estudos literários – filologia *cum* retórica – nunca conseguiu ser tão produtiva que se impusesse como uma língua franca. O débil legado da nossa filologia, mesmo enquanto ecdótica, bem patente no panorama desolador das edições críticas dos nossos grandes autores, a começar por Camões, explica seguramente muita coisa.

A impossibilidade de referir tradições disciplinares sem as situar num certo *locus* académico e, pelo menos na aparência, nacional, patente no parágrafo anterior, é justamente a hipótese de trabalho que Ricardo Namora submete a uma contra-argumentação enérgica. Notemos, entretanto, que para a narrativa da Teoria da Literatura entre nós ficar completa, necessário se torna referir o outro momento decisivo, pós-1967: a criação do Programa em Teoria da Literatura, na Faculdade de Letras da Universidade de Lisboa, em 1991, programa a que os nomes de Miguel Tamen e António Feijó viriam a ficar indissociavelmente ligados, pese embora a sua bastante diversa relação com a disciplina[1].

---

[1] Refiro-me ao facto de Miguel Tamen ser autor de uma obra, vasta e significativa, que é, de facto, uma obra de teórico, enquanto a obra de António Feijó só pontualmente se dedica de

O Programa em Teoria da Literatura tornou-se, ao longo dos seus vinte anos, não apenas *o* curso de referência na pós-graduação em Estudos Literários em Portugal, mas algo sem um verdadeiro equivalente no estrangeiro, relançando o impacto da disciplina entre nós, justamente quando, de todos os lados, se proclamava o advento da pós-Teoria[2].

A hipótese da diversa radicação «territorial» das tradições da Teoria da Literatura conhece em Portugal, no trabalho de Vítor Aguiar e Silva, por um lado, e no de Miguel Tamen e António Feijó, pelo outro, uma como que aplicação prática, já que o primeiro se filia preferencialmente no espaço europeu (e, como explicitamente declara em entrevista que este livro inclui, numa matriz italiana), enquanto Tamen/Feijó praticam a filiação norte-americana que se foi tornando dominante nas últimas décadas. Esta hipótese é colocada neste ensaio por um autor que mantém uma relação intensa mas desigual com ambas. De facto, Ricardo Namora licenciou-se em Línguas e Literaturas Modernas em Coimbra, realizando em seguida o seu Mestrado e Doutoramento no Programa em Teoria da Literatura, em Lisboa. De modo sem dúvida singular, decidiu matricular-se, enquanto escrevia a sua tese de doutoramento, na pós-graduação em Literatura de Língua Portuguesa: Investigação e Ensino, oferecida pela Faculdade na qual iniciou os seus estudos, tendo decidido, concluído já o seu doutoramento, elaborar nesse curso a tese de mestrado (a sua segunda tese de mestrado...) de que resulta o livro agora publicado.

Se «Coimbra» e «Lisboa» tivessem aqui o poder de assinalar «escolas» da Teoria da Literatura em Portugal, este autor em vaivém estaria pois naquela posição, tão cara ao pensamento teórico actual, do sujeito *in between*. O problema é que, e dando de barato que na era dos correios, telégrafos e telemóveis, todos estamos *algures*, isto é, entre-lugares, o autor deste livro é, no seu modo de fazer teoria, muito mais um produto de «Lisboa» que de «Coimbra». Isto se admitirmos, com considerável generosidade, que a universidade que existe em Lisboa para lá do Programa aceite a sinédoque, o que não é pacífico; e, inversamente, que a *Teoria da Literatura* de Vítor Aguiar e Silva represente «Coimbra», posição identicamente só possível com uma considerável dose de caridade (davidsoniana e não apenas).

---

modo explícito e disciplinar à Teoria da Literatura, usando-a antes como um *enjeu* implicado na actividade de leitura e, mais ainda, na «conversa liberal» das Humanidades.

[2] O Programa, que conta actualmente com mais de 60 alunos, é neste momento dirigido por João Ricardo Figueiredo.

Poderia então pensar-se que estariam criadas as condições para uma reencenação do *agon* que percorre a cena teórica, ou melhor, para uma versão da cena teórica como antagonismo de tradições (ou *paradigmas*, se se preferir). Convém porém esclarecer que àqueles que se movam por essa ansiedade agonística, em si não indesejável e aliás bastante definidora do *ethos* académico, o trabalho de Ricardo Namora só pode oferecer motivos para decepção. De facto, ao explorar a sua hipótese de partida, o autor conclui que «é difícil fazer valer um vínculo preciso entre teorias e o sítio onde essas teorias são produzidas». (p. 89) Posição que é explanada numa passagem a citar com demora:

> De modo muito simples, existem dois modos básicos para lidar com esta assimetria [a existente entre a tradição europeia e a americana na Teoria], logo que a tomemos como certa. Um deles consiste em presumir que a teoria possui aspectos particulares consoante a sua proveniência – embora não seja propriamente fácil determinar, neste caso, o que deu origem a quê: se foi a produção teórica que propiciou o seu próprio confinamento territorial ou se, por outro lado, foi a geografia que produziu a teoria. Outro, consiste em compreender a teoria como um modo racional trans-fronteiriço e trans-continental – um modo pelo qual coincidências teórico-geográficas, e causalidades artificiais entre o que se pensa e de onde se vem, são vistas como acidentes (mesmo se, no caso, bastante prolongados) que fazem parte da história. (p. 90)

Namora dir-nos-á em seguida, sempre no regime desdramatizado que o caracteriza, que é «imediatamente óbvio que os autores portugueses analisados até agora subscrevem esta segunda posição». (p. 90) E que, mais do que rastrear para cada um uma filiação, «importa (...), neste ponto, apontar o que neles é comum, e que suplanta a consideração de Aguiar e Silva como herdeiro de uma tradição europeia e de Tamen e Feijó como defensores de uma tradição americana». (p. 90)

Seria caso para dizer que, mais do que desdramatizada, a perspectiva do autor se torna verdadeiramente ecuménica... Sendo que, para tal, se revela estratégica no seu quadro teórico a subsunção de uma disciplinaridade estritamente centrada na Teoria da Literatura numa disciplinaridade muito mais lata, e muito anterior à disciplina da Teoria: a das Humanidades. Note-se que esta amplificação drástica de perspectiva proviria, como o autor persuasivamente insiste, da própria lógica das obras em consideração. No caso de Aguiar e Silva, que Namora qualifica como um «formalista moderado», é a evolução do seu pensamento que o conduz da sedução pela formalização implícita num certo modelo de racionalidade científica à reivindicação de uma integração da Teoria da Literatura nas «ciências do espírito», as quais, como sabemos, se distinguem das «ciências da natureza» pela impraticabilidade, nelas, do conceito de «lei». E assim, embora a Teoria da Literatura não possa nem deva abdicar do rigor analítico e da capacidade crítica da ciência, ela participa antes de uma epistemologia não-nomotética, a das Humanidades, e define-se não por um «antagonismo entre ciência e literatura (dois campos teóricos de natureza distinta), mas entre boas e más maneiras de se estudar literatura». (pp. 69/70)

O tandem Tamen-Feijó, por seu turno, é apresentado como representativo daquela posição, muito reconhecível na Teoria da Literatura das últimas décadas, para a qual a tarefa do conhecimento não consiste em «extrair propriedades distintivas dos objectos» mas antes em «discutir de modo intersubjectivo interpretações e posições, uma vez que as propriedades são constitutivas de descrições (e não dos objectos propriamente ditos)». (p. 74) Tamen dirá, contudo, numa passagem notável que Namora recolhe, que

> apesar de todas as aparências, ao substituirmos a conversa sobre o texto pela conversa sobre interpretação não estamos a desistir de falar sobre propriedades intrínsecas. A conversa sobre propriedades intrínsecas dos textos é simplesmente substituída por uma conversa (ou um silêncio embaraçado) sobre as propriedades intrínsecas da interpretação.[3]

Namora infere daqui que «é mais útil, de modo geral, ler a teoria pelo lado da hermenêutica do que pelo lado dos objectos, considerados estritamente como receptáculos auto-evidentes de determinadas propriedades». (p. 77) O que, numa reivindicação democrática, o leva a afirmar que «não existem diferenças de espécie mas apenas de grau entre interpretações». As perguntas a textos seriam pois substituídas por «conversas entre pessoas», conversas para as quais não existe em rigor um Tribunal de instância superior: «há, na melhor das hipóteses, pessoas parecidas connosco com as quais se podem discutir interpretações e, por inerência, 'operações' dirigidas sobre objectos, que ajudam a definir um lastro comum que é racional, hermenêutico e rela-

---

[3] Miguel Tamen, *The Matter of the Facts. On Invention and Interpretation*, Stanford, Stanford University Press, 2000, pp. 18-19.

cional» (pp. 82/83). Esta posição é inteiramente compaginável com a de António Feijó, em passagem tão rortyana quanto decisiva sobre as Humanidades e, por extensão, a Teoria da Literatura:

> Os componentes de uma cultura dada são vozes que se associam numa conversa ininterrupta. A educação liberal é uma iniciação a essa conversa, a delimitação de um tempo em que os alunos ouvirão vozes e os seus diferentes modos de enunciação, num espaço que deverá ser alheio a critérios de relevância ou a imperativos que as conjunturas sempre suposta e inapelavelmente ditam.[4]

Eis, pois, justificado um ecumenismo que, por via de uma descrição da Teoria da Literatura como disciplina de um corpo meta-disciplinar mais vasto – o das Humanidades –, aproxima Aguiar e Silva de Miguel Tamen e António Feijó. Para todos, de acordo com Namora, «a teoria é inexoravelmente plural, e admite um conjunto de critérios e métodos cuja caução só existe no futuro – e para eles é pacífico que esses critérios e métodos são inerentemente sérios, racionais e rigorosos». (p. 91)

Se me é permitido, gostaria de, num primeiro momento, dar mais um contributo para o reforço desse ecumenismo. Porque não é só este efeito de alargamento do quadro de referência da disciplina, da Teoria para as Humanidades, que nos permite reconhecer não a árvore das discrepâncias herdadas de filiações diversas mas a floresta da pertença a uma mais vasta e antiga família. É também, e quiçá sobretudo, o facto de tanto Aguiar e Silva como Miguel Tamen e António Feijó fazerem ainda, e (quase) sempre, Teoria *da Literatura*, ou seja, teoria a partir de objectos que são *prima facie* textos, mas não tanto «textualidade», na acepção semiótica que tão poderosamente contribuiu para dissolver a especificidade duramente, e algo ilusoriamente, conquistada pela Teoria da Literatura em boa parte do século XX. Quando Namora usa no seu texto, por razões de economia, «teoria» em vez de Teoria da Literatura, e quando, a propósito do seu ensaio, o faço também eu, ambos estamos a mimar a lógica profunda das opções de Aguiar e Silva ou Tamen e Feijó, não estando *por isso* a reportar-nos à *Theory* de extracção e exportação norte-americana em décadas mais recentes (desde os anos 80, ou seja, desde

---

[4] António M. Feijó, *O Ensino da Teoria da Literatura e a Universidade*, Braga, Edições APPACDM, 1994, p. 12.

a situação pós-Yale ou pós e, em grande medida, anti-De Man). Desse ponto de vista, e talvez *with a vengeance*, a situação europeia destes cultores da teoria da literatura parece ter moderado uma eventual inclinação para a agenda actual da *Theory*, centrada em coisas como *género* e sexo, identidade e pós--colonialidade, tudo amalgamado num propósito «crítico» que só nominalmente se pode reportar ainda aos defenestrados rigores da Teoria Crítica. Na perspectiva do desastre que é a situação norte-americana de estudo da literatura, em que a *Teoria* veio legitimar a substituição mais ou menos maciça do objecto literário por tudo aquilo a que uma agenda como a acima referida se pode reportar[5], a obra de Miguel Tamen e António Feijó tem mais pontos de aproximação à de Vítor Aguiar e Silva do que se poderia *a priori* supor.

Percebemos assim melhor que *o que correu mal* não teve a ver, ao contrário do que a miopia revanchista sugere, com um qualquer *demónio da teoria literária*, sobretudo se virmos esta, com a profiláctica sobriedade de Ricardo Namora, como uma tentativa esforçada para introduzir no estudo da literatura um módico de seriedade, racionalidade e rigor. O que correu mal nos nossos tempos foi antes a crise profunda que se apoderou das Humanidades. As Humanidades foram, no período moderno, que podemos aqui aferir pelo *Quattrocentro* italiano, uma cultura completa, um estilo de vida que, como descreve Francisco Rico[6] a propósito dos textos do Petrarca da maturidade, ia ao encontro «da vida diária, dos avatares da política, das relações de amizade, dos problemas éticos, das grandes questões intelectuais» (p. 60). Essas obras de Petrarca, insiste Rico, eram animadas «pelo mesmo propósito de mostrar como os *studia humanitatis* podem e devem traduzir-se 'in actum', dirigir-se 'ad vitam'». (pp. 60-61) Este quadro altera-se substancialmente, como é sabido, com o advento da revolução industrial e da civilização tec-

---

[5] Um signo mais deste processo é a substituição, em vários *curricula* norte-americanos, de «Literature» por «Film». Não se trata porém de «Film Studies» mas sim de um significante vazio (ou «mestre») pelo qual o cinema (melhor seria dizer: uma versão muito particular do cinema) acolhe aquela agenda. Entende-se assim melhor a explicação facultada por Noël Carroll para a «chegada» em massa dos filósofos, e da filosofia, ao estudo do cinema: a partir do momento em que este foi tomado de assalto por uma agenda centrada em questões de *género*, identidade, etc., todo um vasto território ficou à disposição de quem se dispusesse a relançar a questionação da ontologia da imagem fílmica que antes conhecera o seu ponto decisivo em André Bazin, primeiro, e, tempos depois, Gilles Deleuze.
[6] Reporto-me ao grande livro de Francisco Rico, *El sueño del humanismo. De Petrarca a Erasmo*, Madrid, Alianza Editorial, 1997, 2ª ed.

nológica, as quais relegarão as Humanidades a uma posição crescentemente periférica e cada vez menos capaz de se traduzir «in actum». Ainda assim, e à distância de mais de dois séculos, é talvez possível reconhecer que as Humanidades foram sobrevivendo em função de um peculiar (des)equilíbrio entre um *deficit* social e comunitário e um *superavit* económico, ambos gerados pela natureza corrosiva, ou fáustica, do capitalismo moderno. Às Humanidades foi sendo cometida a função de «compensar» do primeiro com os meios disponibilizados pelo segundo – e não custa admitir que este modelo funcionou tão melhor quanto mais próximo se estivesse dos centros de poder económico gerados pela revolução industrial.

Encontramo-nos hoje, como é sabido, na encruzilhada de duas exponenciações desta revolução bissecular – a do digital e a da globalização – que vêm ambas colocando desafios drásticos às Humanidades. A primeira, afectando suportes e regimes de escrita-leitura, desloca profundamente o próprio fundamento *textual* do nosso trabalho, exigindo um esforço de reflexão sobre a tecnologia que se tornará seguramente indissociável da própria auto-descrição das Humanidades no futuro[7]; a segunda exige, como recordou o último Edward Said, uma reconceptualização das Humanidades num quadro não eurocêntrico mas verdadeiramente global, e sobretudo, para o que está neste texto em pauta, permite-nos perceber que a forma como o capitalismo saído da revolução industrial geria a relação entre o seu *deficit* social e comunitário e o seu *superavit* económico foi laminada pela dinâmica da globalização. A partir do momento em que o primeiro mundo se encontra submerso num *deficit* social e comunitário que já não é «compensado» por um *superavit* económico (um *superavit* que em larga medida resultava da exploração do terceiro mundo, antes e depois da descolonização), mas sobretudo a partir do momento em que o económico é desbancado, no fundamento do sistema, pelo financeiro, as fragilidades das Humanidades tornam-se ingovernáveis. E isto, entre outras razões, porque a discrepância entre o regime temporal da constituição da mais-valia no capitalismo e nas Humanidades, que sempre fora significativa mas que a lógica do capitalismo de empresa familiar *arrefecia*, já que a mais-valia podia, e devia, ser diferida para a próxima geração,

---

[7] Trata-se daquilo a que se vem chamando «Digital Humanities», uma das formas de pensar as novas materialidades da comunicação. A criação, na Faculdade de Letras da Universidade de Coimbra, de um curso de doutoramento, no modelo de Estudos Avançados, em Materialidades da Literatura, inscreve-se também neste esforço inadiável.

a bem de uma acumulação familiar, sofre um *aquecimento* brutal no corrente capitalismo financeiro, obrigado pelos accionistas, que já não são *da família* nem constituem *uma família*, a uma especulação com rendimento certo, acima de dois dígitos, todos os anos. Ora, na medida em que são antes de mais uma pedagogia, as Humanidades têm de se submeter ao tempo longo e lento do pedagógico, não se conseguindo descortinar como podem elas conviver com a histerização do regime temporal da mais-valia no nosso tempo. Tanto a *Theory* como os *Cultural Studies* são no fundo tentativas para alcançar uma nova performatividade das Humanidades, subordinando-as a um regime presentista (tomado erroneamente pelo «contemporâneo») que asseguraria, de per si, a instantaneidade da mais-valia teórica, como se esse propósito não configurasse uma contradição nos termos.

Seja-me permitido agora, num segundo momento, colocar um pauzinho na engrenagem do ecumenismo agregador posto em marcha por Ricardo Namora, acentuando algumas clivagens. O tropo maior do trabalho pioneiro de Vítor Aguiar e Silva – um tropo cujo funcionamento em sala de aula se tornou seguramente inesquecível para quem a ele pôde assistir – é o da *terraplanagem*[8]. Aguiar e Silva procede tipicamente por uma «limpeza de florestas», abrindo o campo e reconstruindo (ou melhor: construindo) minuciosamente a genealogia do objecto teórico em pauta. Trata-se de um procedimento exigido pela lógica fundadora do seu trabalho, mas reconhece-se nele também um procedimento exigido pela centralidade do pedagógico na sua lição: teoria e método harmonizam-se profundamente e traduzem-se num vernáculo que, se descontarmos alguma inclinação terminológica no período em que tal era norma, é claro, persuasivo e não esconde trunfos na manga. Não surpreende que, na breve entrevista levada a cabo por Ricardo Namora, Aguiar e Silva, interrogado sobre o balanço da Teoria da Literatura em Portugal, integre nesse balanço o enriquecimento do «ensino do Português nos liceus e depois nas escolas secundárias» (p. 107).

Já o trabalho de Miguel Tamen responde antes às figuras do revisionismo, dando como adquiridos antecedentes e genealogia, mas sabotando os pressupostos de ambos. O seu vernáculo, muito ao invés do de Aguiar e Silva, confia ao *understatement* e ao não-dito muito do intencionado e impõe ao

---

[8] Convirá registar que, como aos grandes professores sucede com frequência, o volume de terraplanagens realizadas por Vítor Aguiar e Silva em sala de aula, na graduação ou na pós-graduação, tem uma pálida correspondência naquilo que chegou a publicar em letra de forma.

português uma série de efeitos de estranheza, quer por tradução abrupta de modismos anglo-americanos (ou por neologismos que diríamos desnecessários), quer pelo recurso a zonas pobres e incaracterísticas do arquivo vocabular, numa recusa ostensiva do *ready made* da terminologia. Faz assim sentido que Tamen manifeste alguma distância, na sua entrevista, em relação à tradução da Teoria no ensino secundário («produção de sínteses de sínteses que afectaram muito o ensino da literatura») (p. 110) e que desloque a questão do futuro da Teoria para a pós-graduação, recorrendo à clássica figura homeopática da «força da fraqueza»: se por um lado a Teoria perdeu centralidade curricular, por outro, defende o autor, «a sua sobrevivência é mais provável num contexto em que a sua proeminência seja menor». (p. 112) Como em Aguiar e Silva, a congruência entre «programa» e vernáculo é indesmentível, mas em sentido algo diverso: enquanto o primeiro confia a uma pedagogia centrada no tropo da «terraplanagem» o desejado impacto formativo das Humanidades, o segundo, tipicamente *tardio*, confia-se à universidade *mais avançada*, vale dizer, mais filtrada pela selecção natural da sucessão dos ciclos formativos. A sua descrença em relação aos propósitos latamente formativos da Teoria da Literatura *enquanto* Humanidades não poderia ser mais visível; e, curiosamente, aquilo que se recusa no *ready made* da terminologia disciplinar recupera-se no imaginário de *clôture* de uma disciplina que não necessita de *passwords* para fazer mundo, assim que o professor entra na sala de seminário e fecha a porta. Uma outra forma, bastante intratável, de colocar a questão reside talvez em notar que se em Aguiar e Silva a Teoria da Literatura vive o seu momento histórico, toda a sua conceptualização em Tamen a situa numa pós-história que emanciparia a disciplina da sua necessidade, quer formativa quer institucional, disponibilizando-a para uma liberdade em rigor póstuma mas, por isso mesmo, realmente *livre*.

O problema reside em certas formulações nas quais o revisionismo pós-histórico se afigura menos sustentável. É o que sucede quando Miguel Tamen afirma que a causa das coisas boas como das más que resultaram da criação da Teoria da Literatura em 1957 «é a mesma: a possibilidade de o Estado poder determinar o conteúdo de discussões intelectuais». (p. 110) Tenho uma real dificuldade em conceber a possibilidade de a Teoria da Literatura existir sem o suporte do aparelho do Estado (o mesmo se diga para o ensino do aramaico, do grego antigo ou da filosofia das religiões). Porque, em rigor, devemos à clarividência do Estado – e, pior ainda, à clarividência do Estado Novo... – a disciplina para cuja história, já longa de décadas,

Ricardo Namora deu, com este livro, uma contribuição decisiva. Uma contribuição na qual, esclareça-se, Namora não está sozinho, já que integra uma geração das mais preparadas dos nossos estudos literários e que, na sua persistência, que é a de quem se recusa a desistir, mesmo em tempos tão sombrios, nos obriga a ter esperança no futuro das Humanidades.

Resta desejar, com António Feijó, que esta história possa prosseguir, «alheia a critérios de relevância ou a imperativos que as conjunturas sempre suposta e inapelavelmente ditam». O problema, que é há séculos o problema das Humanidades, é que um tal *alheamento* exige um alto patrocínio...

OSVALDO MANUEL SILVESTRE

APRESENTAÇÃO

A consagração definitiva (embora comparativamente tardia) da Teoria da Literatura enquanto disciplina em Portugal acontece, em finais da década de 1960, com a publicação da obra epónima do então Professor da Universidade de Coimbra Vítor Aguiar e Silva. Desde então, uma extensa linhagem pedagógica e teórica parece ter florescido, até aos dias de hoje, a partir dos ensinamentos dessa conformação pioneira dos tópicos e propósitos da Teoria. Bastante mais tarde, surgiu num outro ponto do país académico uma tendência teórica que, pelo seu fulgor pedagógico e intelectual, se constituiu como uma alternativa de pleno direito à primeira.

Será, no entanto, legítimo falar-se de duas escolas distintas de Teoria da Literatura no espaço intelectual português? Como se constitui, aliás, uma "escola" de pensamento nas Humanidades modernas? Será, de outro modo, aceitável descrever estas duas escolas (a existirem) sob uma lógica de antagonismo, de complementaridade, de contiguidade ou, para todos os efeitos práticos, sob outra lógica qualquer?

Mais do que construir uma perspectiva histórica (que o título talvez indicie), o propósito desta obra é o de tentar dar resposta a estas interrogações. Será sugerido, entre outras coisas, que a constituição de "escolas" escapa, por vezes, aos desígnios dos seus fundadores; que vínculos de ideias à sua proveniência geográfica ou intelectual resultam de exercícios ociosos cuja validade é limitada; que rótulos comuns de largo curso não sobrevivem, na maioria das vezes, a uma inspecção cuidadosa; e que, por fim, a Teoria da Literatura não é um monólito intratável votado à incompreensão, mas antes um sítio onde pessoas se esforçam para compreender o que é a arte.

Num tempo em que a "crise das Humanidades" parece ter regressado, em todo o seu esplendor, às preocupações institucionais, pedagógicas e políticas de todos quantos se ocupam da literatura, é importante perceber que o discurso intelectual que gira em torno desta pode ser, ao mesmo tempo, útil e frutífero. Não se proporá uma solução milagrosa para a propalada "crise", nem se tentará uma lauda asséptica aos méritos dos estudos literários, nesta obra. Apenas se testemunhará, tenha isso o efeito que tiver, que pessoas que se preocupam a sério com livros e com ideias sobre livros são, no fundo, cultores dessas formas de diálogo intelectual livre de que se constituem as Humanidades. E neste sentido, talvez, se possa falar de uma dimensão histórica particular neste livro: a de relembrar, "para memória futura" como agora se diz, que as Humanidades não são uma ciência, mas uma conversa.

I
Avant-propos

Aos olhos do leitor, o título desta obra poderá soar ou demasiado prometedor ou demasiado ambicioso. A tarefa de cartografar em profundidade 40 anos de teoria literária em Portugal, com efeito, excede em muito o âmbito mais limitado deste trabalho. O objectivo, contrariamente ao que o título denota, passa muito menos por descrever historicamente os episódios que constituíram o percurso da teoria em Portugal e muito mais por isolar duas tendências teóricas pronunciadas, medindo-as perante a possibilidade de correlacionar teorias e espaços geográficos. O "who's who" da teoria portuguesa fica, deste modo, cingido a duas correntes mais ou menos delimitáveis no espaço e no tempo, não sendo por isso um repositório anódino de nomes e textos, construído numa perspectiva sequencial que o título talvez indicie.

A resistência a uma aproximação histórica dos conteúdos foi ditada por dois factores principais, um de ordem prática e outro de natureza teórica. O primeiro tem a ver com as limitações impostas a este trabalho, que decorreu no âmbito de uma investigação para uma dissertação de mestrado: tornou-se desde logo muito transparente que uma seriação rigorosa de quatro décadas de teoria literária – fosse em que país fosse – envolveria uma metodologia de análise e o manuseamento de um volume bibliográfico que, simplesmente, não caberiam num espaço tão limitado. O segundo factor tem a ver com um argumento particular, que muitas vezes se tomará por certo e se presumirá auto-evidente: o de que existem, no território teórico português, dois grandes blocos (ou "escolas", "correntes", "linhas de pensamento" ou o que se lhes quiser chamar), que são suficientemente discerníveis e influentes para serem considerados como pedras angulares dos últimos 40 anos de teoria produzida em Portugal. Trata-se, no limite, de um argumento unilateral, e até certo ponto parcelar, que não aspira a explicar ou descrever a história e muito menos faz justiça ao trabalho que foi desenvolvido nas franjas daquela delimitação.

Mas por aqui se vê como, e desde logo por uma série de escolhas e opções que condicionaram o desenvolvimento deste projecto, a questão do estabelecimento de fronteiras é uma questão central. Este trabalho começou por assentar no pressuposto de que a teoria praticada na Europa e a teoria praticada na América são de natureza diferente – ou, pelo menos, de que existem entre elas diferenças de posicionamento importantes que impendem não só sobre questões e métodos, mas igualmente sobre interpretações particulares e teorias gerais da interpretação. O desenho de uma fronteira parece começar a tomar forma logo nas premissas deste trabalho – ainda que esta fronteira seja, no caso, particularmente perturbável e corporize mecanismos de delimitação que não são nacionais, mas continentais. Num segundo nível, estabeleceu-se, de entre um elenco de alternativas disponíveis, uma segunda fronteira, através da qual se isolaram duas tendências teóricas no panorama nacional. Acrescentou-se a estes dois um terceiro nível, o da delimitação de um conjunto de características e aspectos que putativamente determinariam a diferença entre essas duas tendências.

A discussão foi guiada, inicialmente e numa série posterior de correlatos, por uma colecção de argumentos que, de modo mais ou menos explícito, sugerem que é possível fazer ramificar de determinados espaços ou territórios teorias que exemplificam, justamente, o estado intelectual desses mesmos territórios. A ideia, para pôr as coisas de modo simples, é a de que há autores europeus que crêem na possibilidade de a procedência ditar (e ao mesmo tempo ser condicionada por) aspectos precisos da teoria. Instaura-se aqui um nível adicional (que poderíamos considerar o quarto) de criação de fronteiras, em que o espaço teórico europeu é descrito como subscritor e produtor de teorias particulares, teorias essas que possuem propriedades ao mesmo tempo geográficas e teóricas. Mais: para uma boa parte destes argumentos, a constituição de uma fronteira implica atribuir uma honorabilidade inderrogável ao que se passa no "lado de cá", por oposição à confusão que vai no "lado de lá".

Parece existir, historicamente, uma tendência muito pronunciada para se estabelecerem vários níveis de fronteira no interior do discurso teórico. Isto é, aliás, bastante natural, uma vez que a construção de objectos de estudo depende muito da forma como conjuntos de objectos particulares são circunscritos e, num segundo momento, da forma como se distinguem os conjuntos finitos de operações que podem ser dirigidas sobre os primeiros. Mas parece existir também, na história da teoria, um peculiar antagonismo entre o que fica aquém de uma fronteira e o que fica para lá da mesma – e isto num balanço particular, que dificilmente encontra paralelo noutros campos de estudo, entre a teoria produzida na Europa e a teoria produzida na América. Assim, podemos admitir (pelo menos academicamente) que, a um nível meta-teórico, esta fronteira existe efectivamente e pode mesmo ser caracterizada.

O problema pode ser descrito, de modo mais geral, como uma oposição entre duas tradições filosóficas que, se não antagónicas, são pelo menos bastante diferentes – a tradição "analítica" e a tradição "continental". Mas, se quisermos reintroduzir esta discussão no discurso da teoria propriamente dita, veremos desde logo que, pelo seu carácter plural e pelo constante fluxo migratório de teóricos entre os dois continentes em causa, a teoria não admite a constituição de fronteiras tão intratáveis quanto as que, durante algum tempo, se supôs existirem. Um dos argumentos cruciais deste estudo é, justamente, o de que certas fronteiras estabelecidas de modo artificial – embora até certo ponto demonstráveis – são mais aparentes do que reais (a menos que elas sejam consideradas, como acredito que devem ser, como as fronteiras da Europa comum e do livre tráfego de pessoas e bens).

O processo de filiação ou de vinculação de teorias a sítios é um processo que deve ser gerido com prudência (e este é outro dos argumentos importantes discutidos neste trabalho). Por um lado, este tipo de raciocínio é inevitável. Em primeiro lugar, percebemos certas coisas mediante a atribuição de determinadas características e, depois, percebemos essas mesmas coisas enquanto elementos inscritos em relações de proximidade, contiguidade, semelhança ou dissemelhança com outras. *Mutatis mutandis*, e empiricamente, percebemos que a tradição europeia de fazer teoria parece ter características que a tornam diferente do *modus faciendi* da teoria americana: uma ênfase filológico-textual pronunciada, noções mais normativas de formalismo ou a remissão para uma noção particular de objectividade, por exemplo. E percebemos também, por inerência, que até certo ponto se podem catalogar como pertencentes a um ou outro género de crítica determinados argumentos ou posicionamentos teóricos específicos.

O problema é que, embora a compulsão para catalogar e comparar seja forte (em literatura, aprendemos tudo por comparação e contraste) e algumas das evidências usadas neste tipo de procedimento sejam muito nítidas, a verdade é que o argumento só funciona até certo ponto. Considerar comportamentos típicos como comportamentos universais – um logro recorrente da teoria – parece ser um instrumento de uso muito limitado, pelo menos neste caso concreto. Pode, quando muito, servir de ponto de partida, nunca de chegada. É evidente que, numa primeira leitura, é fácil considerar que, à luz de certas características, os argumentos de Aguiar e Silva estão mais em consonância com o que se considera serem os argumentos típicos da teoria europeia e que, por outro lado, os de Miguel Tamen e António Feijó estão em maior conformidade com o "espírito americano".

A verdade, porém, é que, a um nível mais avançado de análise, é difícil fazer valer quer um vínculo entre sítios e teorias, quer ainda uma "semelhança de espécie" entre determinados argumentos e argumentos que se tomam como análogos pela coincidência trivial de possuírem vagamente a mesma origem geográfica. Para além disto, existem argumentos que são claramente não confináveis aos limites ou fronteiras de um território – ou de um continente, para fazer jus ao escopo da presente discussão. No limite, e esta é uma das conclusões deste trabalho, a teoria é intratavelmente universal. A coincidência histórica de certos argumentos terem melhor acolhimento em certos sítios do que noutros não diz nada quanto à natureza da teoria. É, pois, uma coincidência empírica que deve ser tratada como tal.

No segundo capítulo, discutir-se-á uma série de argumentos, maioritariamente de críticos europeus, nos quais o estabelecimento de fronteiras entre teoria europeia e teoria americana aparece sob formas mais ou menos nítidas. O equilíbrio entre os diversos pontos de vista é, naturalmente, peculiar e equívoco – não se pretendeu ilustrar uma "direcção", mas antes a natureza heteróclita que caracteriza a maioria das discussões sobre a procedência de determinados argumentos. Apesar disto, pelo menos dois ou três desses argumentos vão ser usados (inclusivamente nos capítulos subsequentes) como exemplos muito claros de um modo preciso de cartografar conteúdos teóricos. Trata-se, no fundo, de apresentar uma série de perspectivas modernas sobre o "estado da arte" no que à teoria literária diz respeito – perspectivas que têm em comum um sentimento vincado de reacção à chamada "crise das Humanidades" (embora, como já se disse, nem todos subscrevam com igual veemência um sentido "territorial" de teoria).

No terceiro capítulo, discutir-se-á uma amostra reduzida (apesar de temporalmente expandida) de argumentos apresentados por Aguiar e Silva, supondo em primeiro lugar – e em parte a bem do próprio argumento – a possibilidade de discernir uma tradição europeia de crítica e, depois, que o referido autor é enquadrável dentro das fronteiras que delimitam essa construção. Presume-se, de modo aliás não polémico, que Aguiar e Silva desempenhou um papel central na construção d(um)a teoria da literatura em Portugal, em parte devido à autoria do grande manual de referência da disciplina, publicado em 1967, o que justifica os "40 anos" do título desta obra. Pode dizer-se, inclusivamente, que a sua obra teórica e pedagógica criou um lastro testamentário que foi aproveitado por uma larga maioria de críticos, num processo que poderíamos descrever como a instanciação de uma "escola" ou "corrente" teórica. A ideia é a de, a partir de alguns textos de Aguiar e Silva, proceder a uma dupla argumentação. Primeiro, propor-se-á que algumas das suas teses são conformes à delimitação – diríamos tradicional – de um modo especificamente europeu de fazer teoria. Em seguida, sugerir-se-á que existe uma parte substancial do seu sistema que excede amplamente uma consideração meramente causal entre sítios e teorias – um meta-argumento que favorece a ideia de que a teoria é plural e universal.

No quarto capítulo, descrever-se-á um modo teórico particular, representado por Miguel Tamen e António M. Feijó, que, numa primeira leitura, segue uma linha que imediatamente reconheceríamos como herdeira da "tradição americana". Há entre esta tradição e a descrita no capítulo III algumas diferenças de posicionamento crítico que são importantes, desde logo ao nível das premissas: argumentos relativos às propriedades dos objectos, à natureza da interpretação e ao conceito de objectividade, por exemplo. Se quisermos subscrever um famoso argumento de Donald Davidson, seremos forçados a admitir que, apesar das diferenças que os separam, estes dois "esquemas conceptuais" (o de

Aguiar e Silva e o de Tamen e Feijó) são comensuráveis – ou, de outro modo, inter-traduzíveis. E se quisermos ir ainda mais além, descobriremos provavelmente que, tanto num como no outro, a vocação da teoria é tida como trans-continental, o que inutiliza retrospectivamente certas concepções descritas no capítulo II.

O ponto que subjaz a este tratamento das evidências é que, contra todos os prognósticos de alguns autores, sistemas teóricos não necessariamente semelhantes ou contíguos parecem estar mais próximos do que uma teoria estrita da filiação deixaria antever. Ou seja, se é possível (e empiricamente plausível) discernir filiações particulares e antagonismos geográficos baseados numa lógica de herança – num primeiro movimento –, também se torna possível – num esforço suplementar – defender a teoria não como um conjunto de aspectos territorialmente condicionados, mas como uma necessidade operativa geral e universal. A teoria passa a ser então, talvez, o modo (que, para os autores em questão, deve ser sério, rigoroso e dinâmico) pelo qual pessoas se dirigem a conjuntos de objectos – no caso, textos literários –, numa perspectiva de ganho epistemológico e de progresso do conhecimento. Um argumento que, creio, vale tanto para a Europa, como para a América, como para qualquer outro sítio de que nos lembremos.

Em resumo, as diferenças entre as duas "escolas" de teoria literária portuguesa são numerosas e variadas. Para começar, a primeira existe desde sempre (é praticamente contemporânea do surgimento da disciplina de "Teoria da Literatura" nos *curricula* universitários), ao passo que a segunda é comparativamente recente: existe há cerca de 20 anos, mais ou menos. Por via desta temporalidade assimétrica, pode dizer-se que a primeira nasce num período que é, simultaneamente, de pujança e de exaustão do modelo teórico imanentista; a segunda, mais recente, é contemporânea de uma reformulação massiva do escopo, do objecto e das questões que conformam o estudo da literatura. Para além disso, e até certo ponto, ambas possuem características que as aproximam (não num sentido de vinculação, mas antes de familiaridade) de tradições específicas que associaríamos facilmente a lugares determinados.

Mas o que ressalta importante deste estudo é que, no fim de contas, há um conjunto de argumentos, partilhados pelas duas "correntes", que constituem uma espécie de resíduo comum – uma crença no "trabalho da teoria" como forma de epistemologia. É bastante provável que esta crença seja, pelo menos em parte, decretada pela condição actual da teoria, cuja definição se alterou substancialmente nos últimos 30 anos – período em que, de resto, se assistiu à expansão da chamada "crise das Humanidades". Mas é de supor também que as exigências que constituem aquela crença sejam ditadas por uma espécie de "explicação de mão invisível", configurável na necessidade incontroversa de descrever o espaço da teoria como um espaço de construção de conhecimento. Nos argumentos de Aguiar e Silva, esta necessidade é, por assim dizer, mais nítida (uma vez que, como se verá, o tom de recomendação é um dos aspectos salientes das suas teses); nos de Tamen e Feijó ela parece ser menos problemática, visto que o ponto de vista geral – hermenêutico – supõe a capacidade que pessoas inteligentes têm para gerir adequadamente uma série de questões potencialmente rectrácteis. No entanto (e este ponto reveste-se da maior importância), essa necessidade existe e toma várias formas, das quais se dará conta sobretudo nos capítulos III e IV.

Quer se trate um modelo teórico com base numa catalogação enfática baseada na filiação ou numa catalogação deflacionada escorada na familiaridade, é sempre possível arrumar certos argumentos em prateleiras específicas. Trata-se, afinal, de uma prática recorrente com que seria também possível categorizar as duas "escolas" portuguesas de que se falará. O problema é que nem sempre estas operações são produtivas. Primeiro, porque nenhuma das duas é uma versão radical de qualquer dos argumentos que descreve. Depois, porque há coisas que, incrivelmente, parecem sobreviver em todos os espaços geográficos que nos proponhamos cartografar. E, por fim, porque há sempre coisas que excedem, em muito, a freguesia onde nascemos e o espaço intelectual que habitamos.

II
Notícias da crise

Uma seriação rigorosa de décadas de teoria da literatura constituiria, por si só, um projecto massivo, bem afastado dos propósitos mais modestos deste trabalho. Exigiria, seguramente, um longo excurso de causas e efeitos, métodos, teorias, rupturas e continuidades, e uma descrição ao mesmo tempo teórica e histórica. A perspectiva que se pretende para este capítulo é substancialmente menos ambiciosa, embora não possa ser completamente dissociada de um olhar global sobre o estado actual da teoria. O objectivo desta secção passa por tentar diagnosticar, ainda que de modo indicativo e necessariamente incompleto, o "estado da arte". Os exemplos usados para o efeito são, por limitações de vária ordem, unilaterais. No entanto, servem o propósito de ilustrar os três argumentos principais deste capítulo.

O primeiro argumento é o de que a teoria europeia (ou antes, a autoconsciência da teoria europeia) parece gozar de pouca autonomia em relação à sua contraparte anglo-americana. Muitos autores, como se verá, têm dificuldade em descrever a teoria praticada na Europa como uma voz crítica autónoma e emancipada e, por esse motivo, socorrem-se maioritariamente de exemplos extraídos da crítica americana. A única excepção a este estado de coisas parece ser o período áureo da crítica francesa (sobretudo a década de 60 do século XX) – período que é entendido como um momento de emancipação da teoria europeia em relação à teoria anglo-americana. Existem sobretudo duas formas de subsidiariedade da primeira em relação à segunda: uma delas prende-se com uma suposta falta de autoridade (a teoria produzida na Europa é descrita à luz da metáfora da ausência de voz); a outra tem a ver com um problema de precedência, uma vez que as questões com as quais se debate a teoria europeia são suscitadas, inauguradas e, até certo ponto, delimitadas por um aparato teórico exógeno – o americano.

O segundo argumento é o de que parece existir uma indistinção particular entre os estudos literários amplamente considerados e a teoria propriamente dita. Isto parece indicar que, por um lado, a chamada "alta teoria" tem hoje um sentido comparativamente rarefeito e, por outro, que os estudos literários cooptaram uma série de disciplinas associadas sob uma mesma descrição alargada, em que a delimitação de fronteiras é bastante porosa. Isto deve-se, de modo geral, à chamada "crise das Humanidades" – de que se falará adiante –, mas também à erosão provocada na teoria por uma série de contra-correntes (estudos culturais, africanos, "queer", "gay", "lésbicos", psicanálise, novo historicismo, crítica marxista, etc., e propostas explicitamente anti-teóricas – como a de Stephen Knapp e Walter Benn Michaels –, ou anti-metodológicas – como a de Paul Feyerabend).[1] A teoria surge, neste contexto, sob uma perspectiva menos honorífica do que aquela de que tinha gozado até então e as razões para esta flutuação exigiriam, também elas, uma profunda reflexão, que não se tentará aqui. O que importa reter é que, num sentido muito importante, a teoria parece ser, para os autores de que se falará adiante, indistinta de uma noção ampla de estudos literários.

O terceiro argumento é o de que o estudo da literatura se encontra, no momento presente, num estado de crise. Embora o que tal significa

---

[1] De Knapp e Michaels, e da polémica em redor do seu artigo "Against Theory" (publicado em 1982) se falará mais à frente. Para um resumo das posições de Feyerabend, cf. o seu *Against Method*. London, New York: Verso, 2008 (3ª edição; a 1ª é de 1975), em que se diz, por exemplo, que "a anarquia teórica é mais humanitária e passível de encorajar o progresso do que as suas alternativas de lei e ordem" (introdução, pp. 9-13). A mudança de paradigma ocorrida no interior da teoria, que tem a ver com a proliferação da série de correntes que se referiu, faz-se sentir sobretudo nos Estados Unidos a partir dos anos 70 do século XX. Note-se que se optou por traduzir de forma livre para português todos os trechos ou partes de artigos ou obras produzidos noutras línguas. A responsabilidade pelas traduções é exclusiva do autor e estende-se a um número elevado de ocorrências (no fundo, todas as referências de autores não portugueses). A menção "itálico (ou itálicos) no original", frequente ao longo do texto, refere-se indistintamente ao original estrangeiro, às traduções para outras línguas que não o português ou aos originais em português, e remetem para as edições citadas. Salvo indicação em contrário, essa menção remete sempre para as edições citadas.

não seja muitas vezes explícito nos autores considerados, é notório um desconforto constitutivo quanto às possibilidades dos estudos literários modernos. A "crise" não é nem quantitativa, visto que parece não dizer respeito à perda de leitores ou à menor procura de cursos de estudos literários nas universidades, nem qualitativa, uma vez que o "diálogo" teórico assume, nos argumentos que se irão descrever, uma forma quase historiográfica de recenseamento.[2] Permanece, neste enquadramento, como uma categoria nebulosa que é causa e função de um desconforto de princípio quanto ao estado actual dos estudos literários. Apesar deste estatuto difuso, a crise parece constituir o *statu quo* a partir do qual todos os argumentos aspiram a medir-se. A teoria passa então ser três coisas ao mesmo tempo: uma entidade afónica, um conceito diluído e uma empresa corporativa em estado de crise.

Como atrás se disse, estes três argumentos são função e consequência do trabalho de um elenco de autores, na sua maioria europeus, que se dedicam a radiografar, de forma mais ou menos completa, a situação actual dos estudos literários. São, no fundo, argumentos estipulativos e não completamente originais. Seguem de uma série de textos que constituem uma amostra incompleta e parcial daquilo que se escreve actualmente sobre o estudo da literatura e, em particular, sobre a teoria. A amostra mais abundante é constituída por autores europeus (espanhóis, como são os casos de José-Luis García Barrientos, Juan Luis Alborg, José María Pozuelo Yvancos, José António Mayoral e Amélia Sanz Cabrerizo; italianos, como Cesare Segre e Remo Ceserani; e franceses, no caso de Antoine Compagnon). Optou-se por deixar de fora a crítica alemã, uma vez que as referências que a ela são feitas se concentram exclusivamente na chamada "Escola de Constanz" (de Wolfgang Iser e Hans-Robert Jauss). Esta será, por isso, descrita de modo indirecto. Optou-se também por limitar o debate sobre a teoria americana ao artigo de Knapp e Michaels, "Against Theory", considerado como exemplo suficiente do estado pós-paradigmático da teoria na América.

O recurso a estes autores permitirá – espero – ilustrar o "estado da arte", no que à teoria da literatura diz respeito, e também ratificar os três

---

[2] É necessário, em relação a este ponto, precisar que a maioria dos argumentos descritos são produzidos numa fase em que a "debandada" geral de alunos das Faculdades de Letras ainda não se fazia sentir de modo tão enfático (e preocupante) como acontece nos dias de hoje.

argumentos descritos acima. O que se pretende é estabelecer um quadro genérico que, embora parcial, construa uma visão particular da modernidade teórica. Não sendo meu propósito nem fazer uma historiografia da teoria literária nem, por outro lado, avançar soluções conciliatórias para a alegada "crise", pode dizer-se que este capítulo funciona como uma espécie de actualização. Talvez não tenha, pelo menos à primeira vista, uma ligação directa com os capítulos seguintes. Espera-se que ele funcione como uma moldura, mais ampla do que pormenorizada, para os capítulos que se lhe seguem.

Num texto de 2006, José-Luis García Barrientos diagnostica o percurso da teoria literária em Espanha como um caso moderno de crise epistemológica.[3] A crise parece advir directamente da falência de um paradigma teórico particular e da impossibilidade de uma única corrente manter a hegemonia, pelo que Barrientos coloca a crise dentro daquilo a que chama de "arquipélago pós-estruturalista".[4] A sua análise sinóptica dos avanços da teoria espanhola dos 25 anos precedentes sublinha, como garante de estabilidade e de progresso, a estilística, por um lado, e a "sólida tradição da escola de filologia espanhola" de Fernando Lázaro Carreter. No entanto, a situação pós-paradigmática da teoria extrapola as fronteiras de Espanha e coloca-se a um nível trans-fronteiriço.[5] Daí que existam, para ele, dois grandes blocos delimitáveis de produção teórica:

---

[3] García Barrientos, "La teoria literaria en el fin de siglo: panorama desde España", in *Revista de Literatura*, julio-diciembre – 2006, vol. LXVIII, nº 136 (pp. 405-445).

[4] Dentro deste contexto árido existe uma oposição binária muito nítida, que García Barrientos descreve do seguinte modo (*Idem*, p. 412): "Creio que a crise epistemológica evocada atrás nos situa perante uma escolha iniludível entre o cepticismo radical, o relativismo «fundamentalista» ou o niilismo das penúltimas correntes estéticas, por um lado, e, por outro, uma aposta ... no sentido; entre o optimismo epistemológico que, apesar das dificuldades, prefere acreditar que o homem pode, em alguma medida, conhecer a realidade, comunicar a outros o seu conhecimento e entender o que outros lhe dizem, e o pessimismo que nega que seja possível conhecer a realidade e que tem, assim, de conceber a comunicação como uma cadeia sem fim, à deriva, de equívocos, despropósitos e sem sentidos."

[5] A teoria literária é concebida por García Barrientos como uma entidade à escala mundial, como se verá adiante. Na sua descrição, o momento em que a teoria rejeita definitivamente o "paradigma da função poética ou da «literariedade»" é um momento preciso: o ano de 1968, em que convergem tanto as ideias de Derrida e Foucault como, e mais importante, os primeiros escritos da "Escola de Constanz" – a "estética da recepção", sob os auspícios de Jauss, sobretudo. No argumento de Barrientos, este período estabelece uma "mudança de rumo"

Generalizando, podíamos sintetizar o panorama norte-americano nestas três modas teóricas: 1ª) a de uma crítica epistemológica, quer dizer, dos princípios básicos: a linguagem, a representação, o pensamento crítico (desconstrução, psicanálise); 2ª) a de uma crítica do papel do género e da sexualidade (feminismo, teoria de «género», teoria gay); e 3ª, a de uma crítica cultural de orientação histórica e social «nova» (novo historicismo, teoria pós-colonial, marxismo). Da parte europeia pode perceber-se: 1º) a confluência de correntes em torno da dimensão comunicativa, discursiva ou, se quisermos, retórica da teoria (semiótica, teoria do texto, pragmática); 2º) a atenção preferencial ao pólo da recepção ou à operação da leitura (estética da recepção, hermenêutica, desconstrução); e 3º) a vertente histórica e cultural, de base sociológica, que está presente nas teorias sistémicas ... (García Barrientos: 416-417)

Existe, então, uma diferença substancial ao nível da produção teórica entre a Europa e a América. Essa diferença impende crucialmente sobre as orientações e os princípios que regem o diálogo ininterrupto da teoria e seguem de uma tendência geral no modo como a teoria se descreve a si mesma.[6] A proliferação de "modas" particulares é, na descrição de Barrientos, função de um alargamento conceptual através do qual a teoria passa a ser considerada como crítica, numa dimensão não exclusivamente literária.

---

na teoria, cujas consequências se verificam a um nível exponencial, ao ponto de dissolver os paradigmas antecedentes. É curioso constatar que, a partir desta descrição inicial, Barrientos se refira à teoria europeia como "tradição" e à teoria americana como "moda", o que parece definir a Europa como um espaço de continuidade e a América como um espaço de ruptura e de instabilidade.

[6] O resumo que Barrientos leva a cabo (citado acima) é uma sinopse da descrição de Jonathan Culler, em *Literary Theory: A Very Short Introduction* (de 1997). Mas em relação às causas desse estado de coisas, Barrientos propõe um argumento próprio. Segundo ele, "talvez a nota mais característica e preocupante das últimas tendências ou modas, sobretudo na América do Norte, seja a perda de especificidade literária da nossa disciplina, que deixa de ser teoria da literatura para se converter simplesmente em teoria ["teoria a secas"]. O âmbito literário, que aspira a ser o ponto de partida, tende a ser rebaixado, para que a teoria se amplifique ao ponto de ser «da literatura e da cultura», e assim se converter cada vez mais em teoria – e sobretudo em *crítica – cultural*. Na Europa, creio, o âmbito da teoria literária está mais ou melhor delimitado, gozando de maior autonomia, pelo menos até hoje." (*Op. Cit.*, p. 417; itálicos no original).

A principal diferença entre as teorias modernas europeia e americana está no modo como ambas gerem o contexto da disciplina: no primeiro caso, as possibilidades de delimitação são tipicamente maiores do que no segundo – e isto cauciona que uma seja descrita enquanto "tradição" e a outra como um conjunto indeciso de "modas". O processo tem também a ver com aquilo a que Barrientos chama de "narcisismo meta-teórico" e que parece consistir no arrastamento do *locus* hermenêutico do objecto textual para a relação social e institucional (externa, portanto) que existe entre esse mesmo objecto e o sujeito que o interpreta. Estas diferenças tornar-se-ão particularmente operativas ao longo dos capítulos III e IV, como se verá.

García Barrientos tem um argumento particular acerca do modo como a teoria na América atingiu um momento em que a teoria literária se passou a confundir com a crítica cultural a um ponto que torna difícil o estabelecimento de fronteiras conceptuais. No seu argumento, este processo prende-se com dois motivos diferentes: em primeiro lugar, com a dimensão intrinsecamente política e institucional da teoria como praticada na América e, em segundo lugar, com uma espécie de necessidade de libertação que a teoria americana parece ter sentido em relação a três ou quatro décadas de "New Criticism". Ou seja, a teoria americana moderna é composta de "modas" porque está sujeita a uma espécie particular de liberalismo institucional que, em grande medida, atravessa o período pós-paradigmático que se abre com a falência da tradição imanentista e puramente textual.

Barrientos descreve implicitamente a teoria americana como uma série de correntes heteróclitas escoradas no primado do sujeito e incapaz de formar um corpo persuasivo unívoco. Segundo este autor, a tendência da teoria europeia moderna, mais inclusiva e equilibrada, consiste em tentar incorporar, numa mesma linha de análise, um elenco alargado de variáveis hermenêuticas. Contra a teoria parcial – e auto-consciente dos seus próprios preconceitos políticos e institucionais – que é praticada na América, Barrientos defende o modelo que se pratica na Europa. Segundo ele, esse modelo

> [é] a hermenêutica da integração, que tenta compaginar a *intentio operis* e a *intentio lectoris*, sem abandonar – ainda que revendo – a *intentio auctoris*, que tem os seus marcos na obra de Gadamer e Ricoeur, a direcção que parece mais fecunda e a mais congruente com a orientação dos estudos literários

desde os anos setenta, pelo menos na Europa. Trata-se de conceber a interpretação como um processo em que intervêm o autor, o texto e o leitor submergidos na história, e no qual se impõe o diálogo, a relação interactiva entre o mundo presente do intérprete e o mundo passado (original) da obra, sendo este seleccionado pela tradição histórica das suas recepções; quer dizer, de uma hermenêutica de raiz semiótica e pragmática, que dá atenção a todos os factores integrantes do processo comunicativo, incluindo o contexto histórico. (García Barrientos: 424; itálicos no original)

Barrientos define a teoria espanhola como uma extensão desta tendência geral para uma "fusão de horizontes" interpretativos – como Gadamer decerto lhe chamaria. Assiste-se em Espanha a uma recuperação da retórica e da poética, num movimento que sugere a re-inclusão de métodos de análise e disciplinas que anteriormente ficavam fora das fronteiras da crítica. Ou seja, a passagem de um estado autocrático da teoria (em que existe um único paradigma hermenêutico) para uma situação de pluralismo metodológico tem duas consequências principais, consoante o sítio onde tal processo ocorre: na América, o primado do sujeito resulta numa série de correntes (relativas a tribos particulares) cuja caução é institucional ou política; na Europa, o carácter horizontal do método permite a incorporação de vários pontos de vista e contributos para a actividade teórica.

A importância do artigo de Barrientos deve-se sobretudo a duas razões: a primeira tem a ver com a delimitação exacta de uma linha de orientação da teoria europeia, em oposição à linha seguida pela teoria americana – e isto sob um ponto de vista nacional, em que o estado actual da teoria espanhola é descrito à luz de um espaço intelectual e físico que a excede; a segunda tem a ver com o modo como o autor constrói a identidade da teoria produzida na Europa – afirmativa, inclusiva e a-política, ela tem a capacidade de circundar o paroquialismo institucional americano para se transformar num exemplo. Para os propósitos deste capítulo, o artigo leva a cabo duas operações de diferente espécie que têm a ver com o primeiro dos argumentos acima descritos: por um lado, corrobora a ideia de que existem diferenças profundas entre a teoria que se faz em cada um dos dois lados do Atlântico e, por outro, derroga a ideia de que a teoria europeia parece sofrer um défice de autonomia em relação à sua congénere americana. Pelo contrário, a Europa surge no argumento de

García Barrientos como o lugar teórico que melhor soube manejar a orfandade dos sistemas em relação ao paradigma único, por um lado, e a desinfluência radical de conceitos como "literariedade" e "poeticidade", por outro.

No entanto, o optimismo de Barrientos quanto à supremacia metodológica da teoria europeia em relação à teoria americana é contrariado por outros autores. Este facto é particularmente notório ao nível da formulação das questões com as quais a teoria se debate. Para um número substancial de autores, é no interior do aparato teórico americano que tomam forma as interrogações seminais que reclamam o debate subsequente de que se alimenta a teoria. Parece haver assim uma forma particular de precedência, na qual a teoria americana detém a voz e a teoria europeia se limita a responder com um eco.[7]

Num volume que faz parte de uma história da literatura espanhola, Juan Luis Alborg explora as condições de equilíbrio entre as perguntas americanas e as respostas europeias, mas também o modo como americanos e europeus lidam com a definição mais básica que a sua actividade exige: a de literatura.[8] E parece concordar com Barrientos quando isola um período áureo da teoria europeia. Para Alborg, no entanto, esse momento não tem a ver com a influência dos argumentos de Foucault e Derrida e da "estética da recepção" de Jauss e Iser, que García Barrientos coloca no final dos anos 1960. Na descrição de Alborg, a teoria europeia parece autonomizar-se face à teoria americana apenas a partir de meados dos anos 1970, por influência da semiótica de Umberto Eco, Georges Mounin, Angelo Marchese e Cesare Segre.

A posição teórica de Alborg centra-se em dois argumentos mutuamente influenciáveis. O primeiro é o de que é impossível definir "literatura", embora se possam descrever com clareza "factos literários"; o segundo é o de que a teoria moderna se produz sobre a falência de determinados conceitos gerais, como os de "literariedade" ou "poeticidade".[9]

---

[7] Acerca de questões de flutuação teórica, dos fluxos migratórios entre Europa e América (nos dois sentidos) e da paternidade das teorias falar-se-á mais à frente, nas conclusões deste trabalho.
[8] Juan Luis Alborg, *Sobre Crítica Y Críticos – Paréntesis Teórico Que Apenas Tiene Que Ver Com La Presente Historia*. Madrid: Editorial Gredos, 1991.
[9] Em relação ao primeiro ponto, Alborg escreve que "[s]obre milhares de poemas, de romances, de peças de teatro, podemos apontar o dedo, efectivamente, e dizer que são *factos literários*;

O "parêntesis teórico" de Alborg coloca o discurso da teoria no presente pós-paradigmático que se segue à derrogação liminar do paradigma imanentista. A sua perspectiva é, sobretudo, histórica. Trata-se de recensear os desenvolvimentos recentes da teoria, enquanto corpo crítico despojado de uma definição de literatura, por um lado, e de conceitos outrora operativos, por outro. Alborg faz, no fundo, três coisas ao mesmo tempo: 1) decreta a impossibilidade de definir literatura e sublinha as deficiências da noção de "literariedade"; 2) descreve as tendências teóricas que se basearam naqueles conceitos; 3) enumera e analisa uma série de teorias que aspiram a constituir-se como alternativas àquelas.

Interessantemente, Alborg considera autores europeus e americanos de forma indistinta, integrando-os numa corrente trans-continental que partilha dois elementos: a recusa de uma definição cabal de literatura e a orfandade em relação ao paradigma formalista, assente no conceito de "literariedade". Em sentido contrário ao argumento de Barrientos, Alborg acredita num esforço comum da teoria que não admite fronteiras, sejam elas de carácter geográfico ou intelectual. Em relação à definição de literatura, por exemplo, Alborg socorre-se de Todorov, que, na sua opinião, defende que "a oposição entre a literatura e a não literatura deve ser substituída por uma tipologia das várias formas de discurso" (Alborg: 103), um argumento parecido com o de Alvin B. Kernan, que defende igualmente a continuidade do literário com o não literário (Alborg: 117-122).[10]

Ou seja, parece haver uma congruência nos exemplos escolhidos por Alborg: tanto autores europeus como autores americanos recusam a possibilidade de definir com clareza o que é a "literatura" e, por inerência, estabelecer fronteiras entre o que conta como literário e o que não se

---

mas quando tentamos agrupá-los numa definição comum, é-nos impossível encontrá-la." (*Op. Cit.*, p. 23; itálico no original). No que diz respeito à noção de "literariedade", Alborg coloca esta última como função do sistema formalista, que resume do seguinte modo (*Idem*, p. 26; itálicos no original): "O que ficamos a saber depois disto é onde foi parar a ciência literária que pretenderam criar, em que se transformou o específico da literatura – a famosa *literariedade* descoberta e patrocinada por Jakobson –, e dado que esta consistiria em *estruturas profundas*, como poderiam reconhecê-las os simples mortais que não tivessem inclinações ou faculdades para a pesca submarina."

[10] O texto de Tzvetan Todorov (filósofo e linguista búlgaro nascido em 1939) é "The Notion of Literature", publicado na *New Literary History*, vol. 5, em 1973. O de Alvin Kernan (crítico americano), "The Idea of Literature", tem a mesma referência.

qualifica como tal. A delimitação de um conjunto de propriedades especificamente literárias tem, segundo parece, muito a ver com a necessidade de ontologizar o conceito de "literatura" e, por isso, com o conceito de "literariedade". Neste ponto, e mais uma vez, Alborg recorre a argumentos de ambos os lados do Atlântico para demonstrar a inoperância dos conceitos. O argumento geral é o de Terry Eagleton, que defende o sentido histórico e funcional (não ontológico) da literatura (cf. Alborg, *Op. Cit.*, pp. 43-49): "literatura" é, no fundo, uma categoria "flutuante".[11]

Partindo deste argumento geral, Alborg descreve duas posições importantes contra a "literariedade" jakobsoniana. A primeira é a de Robert Scholes, que defende que a literatura "é uma palavra, e não uma coisa" (Alborg: 29) e, para além disso, que o sistema das funções da linguagem de Jakobson é insuficiente para descrever aquilo a que poderíamos chamar o "estritamente literário".[12] De acordo com Scholes, "*as palavras sobre a página* não constituem uma *obra* poética *completa e auto-suficiente*, mas um *texto*" (Alborg: 37; itálicos no original), um esquema que deve ser completado pelo leitor com uma série numerosa de informações e preconceitos de leitura.

A segunda posição contra o conceito formalista de "literariedade" descrita por Alborg é a de Costanzo Di Girolamo, que afirma não haver

> necessidade alguma de salvaguardar a autonomia da função poética preconizada por Jakobson. Se um texto é *literário* tão somente quando existe um público disponível, educado e competente para o reconhecer como tal, a função poética não é intrínseca ao texto, antes resultando exclusivamente do mecanismo do seu funcionamento social. (Alborg: 69; itálico no original)[13]

Ou seja, há pelo menos três ordens diferentes de argumentos que seguem na mesma direcção, todos eles utilizados por Alborg para cor-

---

[11] Terry Eagleton (crítico e autor inglês), no seu *Literary Theory. An Introduction*, publicado pela primeira vez em 1983, e conhecido tanto pela sua dimensão histórica como pelos seus pontos de vista explicitamente marxistas.

[12] Em *Semiotics and Interpretation*, de 1982.

[13] Alborg cita a partir da obra *Critica Della Letterarietà*, publicada por Di Girolamo em 1978. Para um conhecimento mais completo da obra teórica de Jakobson, cf. Roman Jakobson, *Language in Literature* (com edição de Krystyna Pomorska e Stephen Rudy). Cambridge & London: Harvard University Press, 1988.

roborar os pontos de vista que exprime na introdução à obra. A ideia comum é a de descrever a questão da definição de literatura e o paradigma da "literariedade" como pseudo-problemas criados por um ponto de vista essencialista e ontológico. É curioso verificar que aquilo a que poderíamos chamar uma tendência pós-paradigmática pronunciada tem, segundo Alborg, procedências muito diferentes: Eagleton é um britânico marxista, Scholes um americano pragmatista e Di Girolamo um italiano defensor da retórica, mas todos concordam, embora de diferentes modos, que tentar definir literatura como ontologia e fazer valer um conceito funcional de "literariedade" é uma fonte de problemas, mais do que de soluções. Em sentido contrário ao de García Barrientos, Alborg não vê grandes diferenças entre a "tradição" europeia e as "modas" americanas.

Mas existe ainda um segundo nível de diferenças entre os dois. Enquanto Barrientos considera como período áureo da teoria europeia o final dos anos 1960, sob os auspícios da Escola de Constanz e da crítica francesa de Foucault e Derrida, Alborg deslocaliza esse momento para meados dos anos 1970, um período em que se nota tanto o progresso da semiótica (sobretudo italiana) como a influência de duas vagas distintas de teorias da recepção vindas sobretudo da Alemanha. É difícil perceber se esta concentração de um grupo de teorias alternativas no espaço europeu tem a ver com uma questão de proximidade ou, por outro lado, com um desprezo pelas "modas" americanas análogo ao de García Barrientos, embora a primeira hipótese seja bastante mais plausível. Alborg atribui muita importância às teorias semióticas de Umberto Eco, Georges Mounin, Angelo Marchese e Cesare Segre, mas acrescenta a este elenco Scholes, que propõe a sua noção de código contra o "pandemónio científico" das "figuras, diagramas e símbolos algébricos" (Alborg: 516).

A semiótica não é, pois, exclusiva da Europa, ao contrário da "estética da recepção", que Alborg divide em dois períodos distintos: um primeiro momento, sob a égide de Jauss (*Op. Cit.*, pp. 758-790), que personifica um projecto global de revitalização da história e do autor; um segundo momento, em que as ideias de Jauss são aprofundadas por um conjunto de seguidores, do qual se destacam Manfred Naumann (da então R.D.A.) e Michal Glowinski (da Polónia). A forma como Jauss aborda o problema da recuperação da história e da posição hermenêutica do leitor tem, como, de resto, a remissão para os códigos semióticos, profundas implicações sobre os conceitos de literatura, teoria e interpretação. Segundo ele,

> a obra literária ... não é um objecto que existe em si mesmo e que mostra em todos os momentos e a todos os observadores a mesma aparência; um monumento que revela ao observador passivo a sua essência intemporal. Muito pelo contrário, desperta a cada leitura uma ressonância nova, que arranca o texto à materialidade das palavras e actualiza a sua existência ... (Alborg: 762)[14]

A obra de Alborg actualiza e, ao mesmo tempo, expande as teses de Barrientos. Em ambos os casos, assiste-se a uma forte tentativa de preenchimento do vácuo pós-paradigmático que decorre da falência do modelo textualista. Em ambos os casos, também, há uma preocupação muito nítida em recolher testemunhos teóricos de várias fontes embora, como se viu, Barrientos descreva diferenças profundas entre as teorias europeia e americana, ao contrário de Alborg, que as nivela enquanto contributos para um esforço comum. Os dois autores expressam deliberadamente o seu desconforto em relação ao colapso dos modelos que governaram a teoria em grande parte do século XX embora, a despeito desse desconforto, apresentem um elenco de soluções optimistas. É de destacar que ambos deixam ao leitor a tarefa de actualizar as conclusões, que são, de resto, oferecidas por outros autores. Num texto de 1989, José María Pozuelo Yvancos segue o caminho inverso: propõe, em primeiro lugar, o seu argumento e, num segundo momento, oferece exemplos de argumentos alheios que seguem na mesma linha que os seus.[15]

O argumento de Yvancos passa por uma recuperação da retórica, sob o princípio de que "o modo como a literatura é e se relaciona como *linguagem* constitui uma das vertentes centrais da Teoria Literária" (Pozuelo Yvancos: 9). O autor descreve o problema central da teoria, e a própria definição de literatura, como uma questão de linguagem. Apesar de fazer um excurso histórico relativamente longo, como García Barrientos e, em

---

[14] Alborg está a citar de um texto de Hans-Robert Jauss (crítico e filósofo alemão, 1921-1997), "Esthéthique de la réception et communication littéraire", publicado em 1980.

[15] Pozuelo Yvancos, *La Teoria del Lenguage Literario*. Madrid: Ediciones Cátedra, 1989.

maior grau, Alborg, Yvancos centra as suas atenções no modo como o paradigma formalista caracterizou a linguagem literária. Apesar de não subscrever na totalidade a ideia de linguagem dos formalistas, Pozuelo Yvancos argumenta a favor da especificidade da comunicação literária, recuperando uma noção forte de retórica a partir do conceito de "desvio".

A sua viagem pelas diversas concepções de linguagem é, também, um percurso por ideias de literatura e pela posição que a teoria tem no debate acerca do estatuto desta. Yvancos decreta a impossibilidade prática da teoria das funções poéticas de Jakobson, baseada em esquemas de correspondência funcional, apesar de conceder que, graças a ela, "são muitos os recursos da língua literária que entendemos agora com maior clareza" (Pozuelo Yvancos: 51). A linguagem literária precisa de reintroduzir noções antigas – como a de "retórica" – num movimento moderno que assenta numa pragmática da comunicação literária. Ou seja, num modelo que esteja, declaradamente, em oposição ao modelo estruturalista e generativo da linguagem, que, segundo Yvancos, "se detém demasiado nos aspectos meramente elocutivo-verbais" (Pozuelo Yvancos: 35).

A "língua literária" é muito mais do que uma elocução e, por isso, a sua análise deve ser inclusiva. Para além dos contributos decisivos da retórica e da poética modernas, existem três correntes teóricas às quais Yvancos atribui grande importância neste contexto: as teorias da recepção (de Jauss e Iser); a desconstrução (de Jacques Derrida); e a escola de Yale (de Paul De Man, J. Hillis Miller, Geoffrey Hartman e Harold Bloom). Há uma linhagem distintamente europeia na primeira, um curioso acaso geográfico em relação à segunda e uma crucial influência indirecta numa das duas linhagens da terceira. Na descrição de Yvancos, o *locus* da discussão acerca do estatuto da linguagem literária parece encontrar-se de modo muito visível na Europa, de vários modos e com várias ramificações.

No que diz respeito às teorias da recepção, esse facto é particularmente notório. Yvancos isola dois grandes nomes (europeus), Hans-Robert Jauss e Wolfgang Iser. O primeiro é descrito como "o teórico que tem desenvolvido a recepção como fenómeno histórico-normativo de carácter supra-individual" (Pozuelo Yvancos: 114), na linha do estruturalismo de Praga. O segundo aparece como "aquele que melhor definiu a relação entre a recepção e a construção do sentido na leitura" (*Idem*), numa linha que deriva directamente da hermenêutica de Roman Ingarden. É muito curioso que Yvancos não mencione, por exemplo, Stanley Fish e a sua noção de "comunidades interpretativas" neste contexto. Como acontece com Alborg, a descrição de uma genealogia estritamente europeia para certas teorias parece ser, em Yvancos, função de relações de proximidade, o que contribui, em certa medida, para um esforço de emancipação da teoria europeia que é mais ou menos explícito neste elenco de autores.

Este processo é muito visível também na referência à desconstrução, embora haja aqui um acaso geográfico interessante. De acordo com Yvancos, a paternidade da "desconstrução" é exclusivamente europeia (Yvancos menciona, para além de Derrida, influências cruciais de Georges Poulet, Tzvetan Todorov, Roland Barthes e Jacques Lacan). Mas, curiosamente, o seu lugar de fundação é uma universidade americana, a Johns Hopkins, através de um colóquio organizado por esta em 1966, que contou com a presença de todos os autores referidos. De um modo muito interessante, a data e o local de nascimento da corrente desconstrucionista remetem para um espaço que está para além da Europa.

Em relação aos chamados "Yale Critics", Yvancos fala de "uma linha rigorosa e argumentativa, representada por De Man e Hillis Miller e de uma linha anarquista e resistente a qualquer sistema, uma vertente extravagante representada por G. Hartman e H. Bloom" (Pozuelo Yvancos: 150), descrição que vagamente retoma a proposta de Barrientos para a definição da teoria americana enquanto conjunto de "modas". O idioma tipicamente americano desta corrente teórica é, no entanto, perturbado por dois factos que têm a ver directamente com Paul De Man: primeiro, a sua ascendência europeia e, em segundo lugar, a sua "assimilação teórica de Nietzsche, Heidegger e Derrida" (*Idem*: 151), que tornam a "linha rigorosa e argumentativa" da desconstrução mais conforme ao espírito europeu.

Uma leitura de García Barrientos, Alborg e Pozuelo Yvancos parece contrariar, à primeira vista, o argumento de que a teoria europeia goza de pouca autonomia em relação à crítica americana. Na verdade, porém, a teoria europeia parece medir-se em face da sua congénere americana, não numa perspectiva de antagonismo, mas na busca de um espaço intelectual alternativo e autónomo. García Barrientos maneja explicitamente as diferenças entre as duas tradições; Alborg, por seu lado, equilibra-as como contributos para um esforço teórico comum; Pozuelo Yvancos argumenta implicitamente que o estatuto da linguagem literária é discutido de modo mais profícuo no espaço europeu, embora com algumas (poucas) concessões aos contributos vindos de território americano. Trata-se de um movimento geral de promoção da teoria europeia, vista como alternativa credível à situação de crise pós-paradigmática que está subjacente ao estado actual da teoria.

Apesar disto, porém, existem sinais de que a teoria europeia – ou pelo menos partes dela – carece de formas enfáticas de validação. Dois exemplos. Num livro de 1987, muito próximo de algumas ideias defendidas por Pozuelo Yvancos, José Antonio Mayoral edita uma série de artigos sobre as novas tendências da noção de linguagem literária.[16] A ênfase é colocada nas teorias dos actos de fala, impulsionadas sobretudo pelas contribuições de John R. Searle e de J. L. Austin para o estudo da capacidade elocutória da linguagem. Apesar de incluir artigos de autores espanhóis (no caso, Domínguez Caparrós e Fernando Lázaro Carreter) e de outros pontos da Europa (Teun Van Dijk e Siegfried Schmidt), o equilíbrio pende claramente para o lado americano, com a inclusão abundante de textos de Richard Ohmann, Samuel Levin e Roland Posner.

Outro exemplo da necessidade de afirmação de um espaço teórico particular (o espanhol, no caso que temos vindo a seguir) é oferecido pela recente colectânea de artigos *Teoria Literaria Española com Voz Propria*.[17] Este título parece indicar que um corpo teórico nacionalmente concebido possui duas possibilidades distintas de autonomia: em relação ao seu próprio espaço continental, por um lado; em relação ao espaço teórico trans-continental, por outro. A metáfora da falta de voz é recorrente, umas vezes de modo explícito, outras de modo subliminar. Mas o que verdadeiramente ressalta desta análise indicativa é o facto de parecer possível uma delimitação bastante rigorosa daquilo que a teoria faz (e vale) em cada um dos dois lados do Atlântico.

É interessante verificar que, nalguns países, a teoria aspira a afirmar-se perante a desproporção geográfica que existe entre a Europa e a América. Globalmente considerada, a América é uma metonímia continental e é natural que a sua produção teórica seja não só massiva como igualmente exponencial. Torna-se particularmente relevante que, em alguns

---

[16] Mayoral, *Pragmática de la Comunicación Literaria*. Madrid: Arco Libros, 1987.
[17] Com edição a cargo de Amelia Sanz Cabrerizo. Madrid: Arco Libros, 2009.

países europeus, a teoria aspire a ter uma voz própria e autónoma, equiparável à de grandes blocos geográficos. A saída para a crise parece passar por uma espécie de impulso nacional – uma "voz própria" que, no caso espanhol, lide com novas tendências da teoria, que incluem excursos por assuntos até aqui secundários para o universo teórico (como a cibercultura, a tematologia, a cultura digital, o cinema pós-moderno ou a mecânica quântica). Mas talvez a recolha de Amelia Sanz Cabrerizo seja apenas uma excepção, uma espécie de salto em frente muito recente que não tem paralelo noutros lugares. A razão para a complacência parece ser o peso excessivo da "crise".

Em *Notícias da Crise*, publicado em 1993, o teórico italiano Cesare Segre pergunta, enfaticamente, para onde vai a crítica literária que, na sua tese, sofre de "uma doença ainda mal notada, no entanto difícil de diagnosticar" (Segre: 3).[18] A doença, para Segre, surge no fim da linha do paradigma estruturalista-semiótico que domina a teoria europeia entre os anos 1960 e 1980. Segre descreve a teoria italiana como eminentemente operativa e insuficientemente dogmática quanto à apropriação de métodos "importados" de correntes exógenas – uma espécie de complacência teórica que lhe retira autonomia e independência metodológicas.

No entanto, há um ponto particular em que a teoria italiana é imune a "infiltrações" vindas do estrangeiro. Segre defende que a característica distintiva da teoria italiana é a manutenção de uma linha de filologia moderada, porque "concentrar-se ... na forma linguística do texto é imprescindível, uma vez que o texto é, em primeira instância, um produto linguístico" (Segre: 36). Este princípio de orientação não é, no entanto, exclusivo, uma vez que Segre lhe acrescenta a natureza semiótica do texto como uma espécie de garantia contra uma posição radicalmente linguística. Há, pois, um balanço aparentemente contraditório entre a primeira parte da explicação de Segre e a segunda: a teoria italiana parece, ao mesmo tempo, metodologicamente complacente em relação a outras influências e metodologicamente firme na defesa do seu modelo linguístico-semiótico. Mas as dúvidas levantadas por esta posição mista dissipam-se rapidamente. Isto porque a admissão de influên-

---

[18] Cesare Segre, *Notizie Dalla Crisi – Dove Va la Critica Letteraria?*, Torino: Einaudi, 1993.

cias estrangeiras pára no ponto exacto em que o apelo ao texto é posto em causa. Segundo Segre,

> [d]entro das tendências críticas difundidas no estrangeiro, e menos invasivas entre nós (desconstrucionismo, crítica *reader-oriented*, neo-hermenêutica e estética da recepção) existem evidentes afinidades e relações directas, assim como há diferenças muitas vezes decisivas. Nenhuma destas tendências aceita o primado do texto predicado dos estruturalistas-semiólogos ... nenhuma parece interessada na análise textual (linguística, estilística, etc.). Trata-se de atitudes críticas que olham directamente para os significados, antes para o sentido, se não às repercussões, e muitas vezes com uma aproximação que seria demasiado descrever como filosófica, mas que talvez se possa descrever como raciocinativa. (Segre: 7; itálico no original)

Segre defende a robustez filosófica da teoria italiana, baseada num postulado inamovível, o de que é o texto em si mesmo que produz as evidências de sentido que reclamam do intérprete um determinado posicionamento hermenêutico. A reacção parece ser análoga à de García Barrientos (contra as "modas" americanas), embora o argumento de Segre se dedique maioritariamente a descrever teorias de cunho especificamente europeu. A existência de uma tradição filosófica forte na crítica italiana imuniza-a, em grande medida, contra um elenco de apelos alegadamente extra-textuais. A filologia que Segre pretende instituir como método possui esta base filosófica muito pronunciada e por isso distingue cuidadosamente entre texto e comentário, um conhecido argumento contra as teorias que defendem que o leitor constrói os textos que lê. Os únicos auxiliares que Segre admite para o seu método filológico, para além da semiótica, são a hermenêutica e a historiografia, embora se perceba uma recomendação implícita para que o seu uso seja moderado.

A crise de que Segre dá conta parece, então, ser mais externa do que interna. A Itália teórica está razoavelmente confortável com o seu modelo filológico, embora haja uma tendência pronunciada, segundo o autor, para aceitar sem questionar métodos de outras proveniências. Opinião contrária é a de Remo Ceserani, que faz um diagnóstico muito negativo do estado actual da crítica literária italiana.[19] Contra Segre, Ceserani des-

---

[19] Em Ceserani, *Guida Allo Studio Della Letteratura*. Roma, Bari: Editori Laterza, 1999. Cf. p. XVI da "Introdução", onde Ceserani diz que "[s]e alguém me pedisse para esboçar um diag-

confia da influência de paradigmas importados da filosofia, apesar de partilhar com aquele uma forma particular de preconceito anti-impressionista. Mas, e mais importante, Ceserani coloca uma questão crucial: "é mesmo indispensável, no nosso trabalho, «pertencermos» a uma escola crítica?" (Ceserani: XXXIV). A invectiva parece atingir, de alguma maneira, Segre e a sua defesa acérrima de um determinado paradigma, mas é também um aviso sério a todos os que se ocupam da teoria.

Ceserani descreve a institucionalização dos estudos literários como veículo privilegiado da expansão de escolas ou correntes teóricas. Segundo ele, há uma série de teorias conflituantes na história do século XX, desde o "New Criticism" à "Nouvelle Critique", passando pelas tendências opostas do modelo científico e do impressionismo, e mesmo por argumentos anti-teóricos (como os de Knapp e Michaels), que produziram uma forma de eclectismo que beneficia a própria teoria. Curiosamente, porém, Ceserani considera o modo europeu de fazer teoria mais plural do que o americano. Em Itália existem também, de acordo com a sua descrição, duas correntes opostas: a hermenêutica moderna de Emilio Garroni, influenciada por Croce (cf. Ceserani, *Op. Cit.*, pp. 106-108); e a tradição linguística e estruturalista de Fubini, Contini, Terracini e Avalle (cf. *Idem*, pp. 113-116).

A teoria moderna está, a fazer fé na descrição de Ceserani, imersa numa atmosfera de conflito institucional, que é função da "incorporação" massiva dos estudos literários nas academias.[20] A sua posição em relação às tendências modernas que parecem seguir deste estado de coisas é

---

nóstico do estado de saúde da crítica literária italiana, diria francamente que esta está a atravessar um período de grave depressão. Passada a onda da moda estruturalista, e as ondulações superficiais de uma ou outra moda, a crítica literária italiana parece ter perdido muita da sua vivacidade e curiosidade experimental, e ter redobrado posições ... tradicionais, fechamentos disciplinares, *rotinas* (mas o fenómeno não é só italiano). Os problemas teóricos são delegados aos filósofos de formação, que por razões suas se foram abrindo sempre mais aos interesses literários. Os contributos da pesquisa histórica avançada continuam a ser pouco utilizados. Há demasiada ideologia, demasiada história dos intelectuais, demasiado tecnicismo retórico, métrico ou estilístico, uma sobrevivência difusa do gosto impressionista na leitura e interpretação de textos."

[20] Para uma perspectiva interessante sobre a relação entre instituições e teorias, cf. Frank Kermode, "Institutional control of interpretation", in Kermode, *The Art of Telling: Essays on Fiction*. Cambridge, Massachusetts: Harvard University Press, 1983 (pp. 168-184).

clara: estudos culturais, gay e queer studies, black e gender studies não são solução. A crise não se ultrapassa por um movimento de inclusão indiscriminado. Pelo contrário, o estudo da literatura, no caso particular da academia italiana, só se tornará verdadeiramente operativo na modernidade se renunciar ao paradigma histórico-literário e à intrusão de outras disciplinas: a solução passa por especificar e minimizar, procurando-se dar especial atenção ao valor ético e estético da educação literária.[21]

Os argumentos de Ceserani decorrem naturalmente da sua posição de académico italiano e da sua preocupação com os estudos literários amplamente considerados, embora na sua dimensão transalpina específica. Nota-se uma preocupação académica com o destino e a função da teoria moderna e isso é particularmente notório na obra de *Le Démon de la Théorie*, de Antoine Compagnon.[22] Compagnon começa por fazer uma cartografia dos últimos 50 anos de teoria da literatura em França. São três os momentos que constroem o seu argumento: em primeiro lugar, o momento de mudança e autonomização da teoria francesa, nos anos 1960 e 1970, por influência da "nouvelle critique" (um argumento semelhante ao de Barrientos); em segundo lugar, o momento posterior de institucionalização da teoria (um argumento semelhante ao de Ceserani); e, por fim, o declínio moderno da teoria que começa nos anos 1980 (cf. Compagnon, *Op. Cit.*, pp. 9-13).

A crise tem a ver com a falta de consciência crítica moderna, um caso de défice que só se pode resolver pela junção de três conceitos-chave, literatura, crítica literária e história literária, tutelados pela teoria. A teoria tem que resgatar a sua relevância prática e acolher formas de senso comum que contrariem aqueles que "para reduzir definitivamente ao silêncio um monstro ... coriáceo, sustentam paradoxos como a morte do autor e a indiferença da literatura para com o real" (Compagnon: 277-278).

---

[21] Franco Moretti, por exemplo, pensa justamente o contrário, defendendo aquilo que chama de "distant reading", uma espécie de leitura panorâmica que origina um conhecimento menos especializado e, por inerência, mais enciclopédico. Cf. "Conjectures on world literature" e "More conjectures", artigos publicados na *New Left Review* (respectivamente nos números 1 e 20).
[22] Antoine Compagnon, *Le Démon de la Théorie – Littérature et Sens Comun*. Paris: Éditions du Seuil, 1998.

Este é o seu argumento geral. A teoria tem, segundo Compagnon, de circundar o preconceito do seu afastamento das práticas produtivas, constituindo-se como uma epistemologia, ou uma disciplina que, perfazendo dois níveis de actividade em vez de apenas um, possa acrescentar ganhos cognitivos.

Como veremos no capítulo IV, António M. Feijó considera o conceito de "teoria" como uma metáfora óptica. Isto quer dizer, *prima facie*, que a teoria é reflexiva em dois sentidos precisos: reflecte, e reflecte objectos. Deste modo, a teoria é uma síntese entre coisas que se pensam e coisas que se vêem, um sentido de produção e de reprodução que rima bastante com o argumento de Compagnon. A reflexão que a teoria acrescenta ao sujeito que conhece é uma reflexão óptica que recoloca os conteúdos especulativos gerais na realidade fenomenológica, o que confere a toda a relação cognitiva a possibilidade de se movimentar em dois sentidos diferentes. Esta reflexividade tem consequências precisas na noção de teoria e, em particular, nas descrições estritas da mesma. A teoria ganha em ser vista como especulação, mas apenas se despojada do sentido idealizado que algumas destas versões estritas lhe atribuem, limitando antecipadamente um eventual alargamento do seu escopo prático. Ou seja, fazer teoria é (para Compagnon e Feijó) reflectir numa interlocução permanente com a realidade.

Opinião bem menos optimista é a de Knapp e Michaels.[23] O seu argumento é o de que o empreendimento teórico está votado ao fracasso por se encontrar imerso em pseudo-problemas, e de que a teoria é uma actividade vazia que deve ser abandonada. O contexto desta declaração é, como se percebe, particular. Os movimentos contra-teóricos dos anos 1970 e 1980 provocaram, nos estudos literários da América, uma comoção sem precedentes e, embora Knapp e Michaels argumentem a partir do interior do edifício teórico, é fácil perceber que a reputação da teoria está a um nível muito baixo. Segundo Knapp e Michaels,

> [o] impulso teórico ... envolve sempre a tentativa de separar coisas que não devem ser separadas: no lado ontológico, sentido de intenção, linguagem de

---

[23] Stephen Knapp e Walter Benn Michaels, "Against Theory" (1982), in W. J. T. Mitchell (ed.), *Against Theory – Literary Studies and the New Pragmatism*. Chicago & London: The University of Chicago Press, 1985.

actos de fala; no lado epistemológico, conhecimento de crença verdadeira. O nosso argumento foi o de que os termos separados são, na verdade, inseparáveis. É tentador dizer que, afinal de contas, teoria e prática também são inseparáveis. Mas isto seria um erro. Não porque a teoria e a prática ... estejam realmente separadas mas porque a teoria não é senão uma tentativa de escapar à prática ... O nosso argumento é o de que ninguém pode atingir uma posição fora da prática, que os teóricos devem parar de o tentar fazer, e que a empresa teórica deve, por isso, chegar ao fim. (Knapp e Michaels: 29-30)

O ponto de vista de Knapp e Michaels é especialmente pessimista e dirige-se a descrições – diríamos literais – de "teoria" como um esforço racional que aspira a ocupar um espaço neutro e indefinido a partir do qual se tomam opções interpretativas. A ideia é a de que a teoria, estritamente considerada, renega uma parte essencial de si mesma: a possibilidade de encontro com os objectos que descreve. Trata-se de um argumento radical, em que determinados modos de fazer teoria (ou aspectos peculiares de auto-consciência teórica) são tidos como premissas universais. A verdade é que, contra Knapp e Michaels, há muita gente que descreve a teoria como uma forma de prática, que é especial e tem características próprias, indistintas no entanto dos objectos dos quais se ocupa. Mas o que se torna essencial reter é que a chamada "alta teoria", que governou os estudos literários em grande parte do século XX, parece ter chegado a um ponto de imobilidade paradoxal. A solução (minoritária) de Knapp e Michaels é a de refazer o edifício teórico através da sua implosão. Compagnon, Feijó e tantos outros, no entanto, pensam de modo muito diferente.

A conclusão geral a que se chega, em face dos autores considerados, é que a teoria atravessa uma crise profunda. Talvez não se possa propriamente falar de uma só crise, mas de várias, uma vez que, como se viu também, não há uma teoria, mas vários modos de fazer teoria. O que se pretendeu demonstrar neste capítulo foi, justamente, esse lado heteróclito e plural da teoria, que tem a ver não só com a actividade teórica, mas também com a procedência dos argumentos.

Penso terem ficado claros os três argumentos expostos no início do capítulo. Há, de facto, uma desproporção entre a teoria europeia e a teoria americana, que se nota nas diferenças entre elas e no peso relativo que a primeira atribui à segunda. Existe igualmente uma indistinção particular entre a "teoria" e os estudos literários concebidos de um modo amplo. Em terceiro lugar, e mais importante, é imediatamente visível um desconforto de natureza particular quanto ao estado actual da teoria: um estado de crise permanente que parece ser suscitado pela falência do paradigma único e pela orfandade trazida pelo fim das teses radicalmente imanentistas. Estes três argumentos servirão – espero – para emoldurar os dois capítulos que se seguem, em que se falará de duas tradições distintas na teoria literária produzida em Portugal: uma de cariz predominantemente europeu, outra de pendor americano.

III
O trabalho da teoria

Não será porventura desajustado descrever o ano de 1967 como um ano crucial para a teoria da literatura em Portugal. Com a publicação da obra *Teoria da Literatura* de Vítor Manuel de Aguiar e Silva, a teoria ganha uma súbita relevância a dois níveis distintos: primeiro, ao nível pedagógico e académico, com a consagração da disciplina num volume que, para além de proporcionar uma importante listagem de referências bibliográficas, discute uma série de questões centrais para os estudos literários; segundo, a um nível mais geral, em que a disciplina se torna imediatamente acessível a um público não necessariamente académico. A influência dessa obra é por demais reconhecida e a sua perdurabilidade vem sendo garantida por um conjunto de revisões subsequentes. Trata-se, em resumo, do grande manual de referência da disciplina em Portugal, uma obra que talvez só encontre paralelo na obra epónima de René Wellek e Austin Warren, publicada nos Estados Unidos em 1949.

A obra teórica de Aguiar e Silva é extensa, tanto em duração como em escopo, e excede amplamente aquela que é considerada a sua obra maior. O objectivo deste capítulo passa por descrever alguns dos seus argumentos em artigos mais recentes, contrastando-os com alguns dos pontos principais da *Teoria da Literatura*, não no sentido de comparar ou de detectar diferenças entre a sua produção mais recente e as suas posições iniciais, mas com um propósito meramente ilustrativo. Isto porque uma análise profunda da obra teórica de Aguiar e Silva reclamaria, por direito próprio, uma abordagem de natureza diferente. O intuito desta secção é demonstrar, através de exemplos retirados quer de artigos recentes, quer da obra de referência de Aguiar e Silva, quer ainda de um resumo da sua genealogia teórica, a sua filiação numa tradição europeia da teoria.

Esta atribuição inicial levanta, no entanto, dois problemas. O primeiro tem desde logo a ver com o processo quase metonímico que preside à escolha de Aguiar e Silva como representante de uma tradição, por um lado, e como epítome da teoria literária portuguesa, por outro. Trata-se de uma atribuição estipulativa, mas inteiramente justificável. Com efeito, e sem prejuízo da produção teórica que o precedeu e da que, depois, lhe foi paralela, pode dizer-se que a obra de Aguiar e Silva foi a primeira a "fazer escola" em Portugal. A sua influência foi decisiva e duradoura, quer pelo seu contributo teórico, quer pela sua extensão académica, pelo que é razoável descrevê-la como a tradição teórica central no nosso país.

O segundo problema tem a ver com a filiação da obra de Aguiar e Silva numa tradição tipicamente europeia. Esta constatação não é medida à luz de uma descrição abstracta ou parcelar daquilo que constitui uma teoria da literatura de cunho europeu, mas com argumentos já descritos no capítulo II e nos quais se constituem duas leituras importantes: a de que a teoria europeia se escora em premissas metodológicas delimitáveis e, até certo ponto, únicas; a de que existe entre si e a teoria americana uma série de diferenças de grau bastante nítidas. Ou seja, a inserção artificial da teoria como descrita por Aguiar e Silva como uma espécie marcadamente europeia de fazer teoria só se conseguirá fazer, neste contexto, apelando a uma construção exógena do aparato teórico, por autores como García Barrientos e Segre, cujos argumentos são cruciais para essa mesma construção.

Em resumo, discutir-se-ão várias posições de Aguiar e Silva no contexto do debate da teoria literária. Essas posições decorrem de um conjunto de artigos mais recentes e da sua obra maior, *Teoria da Literatura*, sendo que a escolha destes textos representa uma amostra parcelar, e necessariamente minoritária, dos 40 anos de produção teórica do autor. Duas premissas assumirão um papel central para esta discussão: a primeira é a de que a influência dos argumentos de Aguiar e Silva nos estudos literários é única no panorama intelectual português, sendo também a que criou uma descendência mais visível; a segunda é a de que a genealogia e a produção do referido autor apontam para um modo marcadamente europeu de fazer teoria. Partir-se-á do pressuposto de que a primeira premissa é auto-evidente. Ela não será discutida, por limitações óbvias. Quanto à segunda, tentar-se-á testar a ideia de que existe um modo europeu de teorizar, e de que o modo português de fazer teoria nos últimos 40 anos se insere nessa linhagem. Os argumentos de Aguiar e Silva serão descritos à luz de algumas teses já apresentadas no capítulo II, que serão recuperadas no sentido de ilustrar este ponto de vista.

Num artigo publicado na revista *Colóquio / Letras* em 1987 (e ao qual se voltará mais à frente), Aguiar e Silva descreve um problema crucial para a teoria da literatura – a relação entre texto e contexto – como uma querela entre "«agnósticos» e «neuróticos» textuais".[24] A sugestão é a de que existem dois modos de olhar para os textos literários, sendo que o primeiro é permeável a uma série de referentes extra-textuais que apenas residualmente fazem parte da análise que tipicamente caracteriza o segundo. Esta descrição simplificada condensa um longo debate que corre paralelamente à biografia da teoria literária, mas indicia também o facto notório, já referido no capítulo II, de o paradigma textualista (ou imanentista) ter governado a teoria durante uma grande porção do século XX. A esta espécie de neurose textual irrestrita e auto-evidente procurou dar resposta uma corrente radicalmente oposta, escorada na admissão de referentes que excedem as fronteiras do texto.[25] Em resumo, a um movimento paradigmático de inflação do texto procurou opor-se um movimento contrário de deflação, admitindo-se generosamente outros factores hermenêuticos.

É interessante notar que Aguiar e Silva publica a sua obra de referência (a *Teoria da Literatura*) justamente no momento de charneira da teoria literária moderna em que as posições "agnóstica" e "neurótica" parecem tornar-se irreconciliáveis. É discutível, embora defensável, que o primeiro

---

[24] Vítor Manuel de Aguiar e Silva, "A 'leitura' de Deus e as leituras dos homens", in *Colóquio / Letras*, nº 100, Novembro / Dezembro de 1987; pp. 19-23 (p. 21).
[25] Muitas vezes, um número substancial de macro-descrições tem sido oferecido ao leitor de forma simples e aparentemente incontroversa. Tal facto deve-se somente às inerentes limitações de espaço e ao respeito por uma linha pré-definida de argumentação. Evidentemente, uma grande parte dessas descrições (e das constatações que se lhes seguem) constituiriam material para discussões várias e de vários tipos.

ataque substancial ao paradigma textualista vigente acontece em 1960 com a publicação de "Objective Interpretation" de E. D. Hirsch Jr.[26] O artigo discute um importante postulado imanentista, o da recusa em aceitar dados biográficos como uma variável operativa de análise, mas – e mais importante – coloca em questão uma série de assunções básicas do modelo formalista. A erosão deste modelo vai-se acentuando ao longo da década até chegar a um ponto que é, ao mesmo tempo, um momento áureo e, discutivelmente, de exaustão final – o nascimento do estruturalismo, a que já se aludiu no capítulo II.

A impossibilidade de se manter um critério estritamente textual na análise literária, juntamente com as invectivas de Hirsch e dos intencionalistas e com o surgimento de uma série de correntes sociais e culturalistas, faz com que o paradigma da "neurose" se vá lentamente desalojando da sua posição de primazia. É curioso verificar que, por uma premonitória coincidência, a *Teoria da Literatura* de Aguiar e Silva é publicada justamente nesta época de grande turbulência teórica. No entanto, como seria talvez expectável, a obra deve muito, directa ou indirectamente, ao paradigma formalista.[27] Não se tentará aqui fazer uma descrição exaustiva do referido paradigma, o que já foi levado a cabo, e com grande propriedade, por autores como Erlich, de quem se falará já em seguida. Mas torna-se importante sublinhar, ainda que de modo indicativo, alguns argumentos de autores formalistas que se tornaram fundamentais para a configuração de uma ideia de teoria da literatura em Aguiar e Silva, a qual, como se verá, impende grandemente sobre a sua noção geral de teoria.

---

[26] E. D. Hirsch, Jr., "Objective Interpretation" (publicado pela primeira vez no número de Setembro de 1960 da *PMLA*), in Hirsch, *Validity in Interpretation*. New Haven & London: Yale University Press, 1967 (pp. 209-244).

[27] Tal não supõe necessariamente a caracterização dos argumentos de Aguiar e Silva como "formalistas", "moderadamente formalistas" ou "anti-formalistas" – nem é disso que se trata aqui. A constatação serve apenas para indicar que, tendo sido escrita na altura em que foi, e com um título e um objecto tão auto-evidentes, seria impossível que a *Teoria da Literatura* ignorasse – de uma maneira ou de outra – o paradigma que havia dominado os primeiros 60 anos do século XX. Nas conclusões deste trabalho discutir-se-ão as implicações do formalismo para a noção de "teoria" e para a sua constituição. Argumentar-se-á, por exemplo, que é o formalismo que dá origem à teoria da literatura tal como hoje a conhecemos.

Um desses conceitos é o de "facto literário", uma noção cunhada por Iuri Tynianov em 1924 num artigo com o mesmo nome.[28] O "facto literário" é uma descrição funcional que Tynianov utiliza para contornar as dificuldades que encontra para definir "literatura". Esta necessidade decorre directamente de uma concepção diferencial (e radical) do fenómeno literário. A ideia é, grosso modo, a de que basta haver uma excepção à definição inicial para inutilizar retrospectivamente essa mesma definição. A aplicação mais visível desta ideia opera sobretudo ao nível das teorias de género, em que uma descrição geral de "epopeia" – o exemplo usado por Tynianov –, por exemplo, pode ser perturbada por uma ocorrência de tal modo excêntrica que obrigue a reexaminar todos os pressupostos iniciais da descrição inaugural. Mas este processo traslada-se de igual modo para o conceito geral de literatura, o que leva Tynianov a desconfiar sistematicamente de definições fundacionais e não dinâmicas do fenómeno.

A solução para lidar com dificuldades deste tipo repousa na inserção de um constructo particular que torne reconhecíveis as ocorrências literárias: o conceito de "facto literário". Tal conceito possui, de modo inerente, um conteúdo fenomenológico forte, uma vez que subentende estratégias de reconhecimento e capacidades de recepção.[29] O "facto literário" é uma metonímia para as ocorrências particulares da literatura que têm a capacidade de subverter as tentativas de definição. Embora não seja possível definir-se de forma exacta e permanente o que é a literatura, podem, por outro lado, reconhecer-se ocorrências particulares que testemunham exemplarmente o seu funcionamento. Por isso,

> [s]empre que se fale sobre *literatura*, deve ter-se em conta esta constituição diversa do facto literário. O facto literário é proteiforme e, neste sentido,

---

[28] E reproduzido, em tradução espanhola, na colectânea *Antologia del Formalismo Ruso Y El Grupo de Bajtin – Polémica, Historia Y Teoria Literaria* (com introdução e edição de Emil Volek). Madrid: Editorial Fundamentos, 1992.

[29] Num momento inicial, o movimento formalista utilizou amiúde uma macro-teoria escorada em formas particulares de equilíbrio entre um argumento formal moderado e um argumento fenomenológico, corporizado no adágio de Jakobson segundo o qual a poesia só é cabalmente apreendida quando o intérprete tem a capacidade de "sentir palavras como palavras". Para um resumo importante das posições iniciais do movimento, cf. Victor Erlich, *Russian Formalism*. The Hague, Paris, New York: Mouton Publishers, 1980 (1955), sobretudo a primeira parte, dedicada à história do formalismo russo.

a literatura é uma ordem que evolui de forma descontínua. Cada termo da teoria literária deve ser uma consequência concreta de feitos concretos. Não é possível, partindo dos pincaros extra e supra-literários da estética metafísica, "escolher" forçadamente os fenómenos "convenientes" a cada termo. Como um termo é concreto, a sua definição evolui tal como o próprio facto literário. (Tynianov [Volek]: 225; itálico no original)

Segundo Erlich, esta tendência para "desamarrar" a noção de literatura é um *tour de force* que acontece no interior do formalismo por influência de Sklovskij e Tynianov. A questão decorre da assunção de que existe uma desproporção entre a literatura (e o seu respectivo correlato teórico) e a vida: como "facto da vida" (a descrição é de Tynianov), a literatura não pode ser definida de modo inamovível, como uma espécie de "one size fits all". Uma vez que a vida e a história são, elas mesmas, dinâmicas, os factos que as caracterizam e constituem devem também ser descritos sob um ponto de vista diferencial, dinâmico e correlativo. De acordo com Erlich (*Op. Cit.*, p. 121), Sklovskij defende que "[h]á períodos na história da literatura ... nos quais as fórmulas estéticas antigas perdem a sua efectividade ... em tais momentos a literatura, ameaçada pela paralisação, deve ir para além de si mesma para recuperar a sua vitalidade", o que parece indicar que a única maneira de evitar a exaustão das fórmulas consiste em prestar uma atenção especial a ocorrências particulares que permitam redefinir os conceitos gerais.

Não é só a história, no entanto, que desafia o cânone conceptual inamovível do estudo da literatura. Também a vida, com a sua riqueza dinâmica e a sua constante mutação, parece atentar contra a monumentalidade das definições fundacionais. Segundo Erlich (*Op. Cit.*, pp. 121-122), é Tynianov que "avisa contra definições estáticas e *a priori* dos fenómenos literários ... insistindo que «a noção de literatura muda a todo o momento»". A fronteira entre vida e literatura é, para Tynianov, fluida: a literatura não espelha ou reflecte a vida, mas muitas vezes as duas interseccionam-se de modo progressivo. Ou seja, "factos da vida" e "factos literários" possuem uma natureza análoga, que tem a ver tanto com a exaustão de modelos pré-definidos, como com a impossibilidade de descrever com clareza os conceitos "vida" e "literatura". São estas premissas que caucionam, segundo Erlich (*Op. Cit.*, p. 252), o interesse posterior dos formalistas na novidade, nas instâncias particulares de violação dos cânones artísticos e, no limite, naquilo que apelidaram de "qualidade da divergência".[30]

Torna-se imediatamente aparente que uma atenção pronunciada a desvios e divergências reclama um posicionamento hermenêutico específico, alicerçado numa metodologia para-científica que possibilite a dissecação pormenorizada de objectos particulares. Em última instância, o reconhecimento de certos objectos como desvios a normas pré-estabelecidas vincula o intérprete, de modo enfático, a um conjunto de decisões que impendem sobre objectos particulares e, em especial, sobre as características que tornam diferentes esses objectos. Este modo teórico condensa algumas das posições descritas no capítulo II: a incapacidade de se estabelecer uma definição permanente de literatura; a presunção de que o método filológico é o mais habilitado para manejar objectos linguísticos e características distintivas de objectos linguísticos; e, de modo implícito, o pressuposto de que o método formalista e textualista de análise tende a minimizar as tendências de subjectivismo e o "paroquialismo institucional" de que fala García Barrientos (cf. capítulo II).[31]

Como se viu no capítulo II, a crítica europeia parece sensível a um modo teórico particular (paroquial e de ênfase sobre o sujeito), que imputa, tácita ou explicitamente, ao espaço americano – as "modas" de que fala Barrientos. Existe, de resto, e tipicamente, a imputação de usos

---

[30] Estes pontos serão recuperados mais à frente neste capítulo, quando se falar da definição de literatura proposta por Aguiar e Silva na 2ª edição de *Teoria da Literatura*, em que se diz, por exemplo, que a teoria exige um "conhecimento exacto, concreto, vivífico do fenómeno literário" (Vítor Manuel de Aguiar e Silva, *Teoria da Literatura*. Coimbra: Livraria Almedina, 1968, p. 56).

[31] A história do formalismo e do seu trânsito entre a Europa e a América é bastante interessante e é em si mesma um importante objecto de análise. De um modo geral, pode dizer-se que o formalismo é tipicamente europeu, e cresce neste espaço até aos anos 1930, altura em que, por diversos motivos, migra para a América académica e se metamorfoseia no "New Criticism" – contornando inclusivamente a primeira grande geração crítica americana, de Spingarn, Hunecken, Van Wyck Brooks, H. L. Mencken, entre outros, que possuía uma tonalidade marcadamente impressionista. Curiosamente, é na América dos anos 1960 que o paradigma formalista começa a ser contestado, o que leva àquilo que poderíamos descrever como um "regresso às origens" sob uma nova roupagem – a do estruturalismo. No limite, tanto a história da teoria como alguns dos argumentos de que se falou no capítulo II parecem mostrar que onde há um modelo formalista não há subjectividade nem paroquialismo e vice-versa. Este tópico será desenvolvido nos capítulos IV e V.

retóricos e persuasivos a formas subjectivas de teoria – usos que se desviam da atenção científica reclamada pelos textos, preconizada desde as versões inaugurais do formalismo. Em certos sítios da crítica existe, em resumo, a percepção de uma diferença muito pronunciada entre um tipo de crítica subjectiva e paroquial – associada à retórica –, e um modo de crítica para-científica e objectiva – geralmente decorrente da adesão a programas teóricos de tipo formalista. Como se viu no capítulo II, alguns autores esforçam-se por descrever a teoria praticada no espaço europeu como um exemplo deste segundo caso, e a teoria americana enquanto ilustração do primeiro.

Num artigo publicado em 1991, intitulado "A vocação da retórica", Aguiar e Silva posiciona-se de modo claro em relação aos termos deste debate, e às suas consequências para o modo de operar da teoria.[32] O autor apresenta desde logo uma posição inequívoca, de deflação sistemática do expediente retórico enquanto constituinte da análise teórica. Arrastando o problema para o terreno epistemológico, Aguiar e Silva recorre ao exemplo cartesiano para demonstrar que tipo de conhecimento é exigível quando se leva a cabo uma demanda rigorosa pela natureza das coisas: "o conhecimento da verdade funda-se no critério da *evidência*, na demonstração *more geometrico*, na elaboração de *ideias claras* e *distintas*" (Aguiar e Silva: 10; itálicos no original).[33] Há, em grande medida, uma dimensão palpável e um sentido de "apontar para" coisas que contam reconhecidamente como prova, sendo esta uma das dimensões principais da análise objectiva. A ideia que subjaz a este argumento é a de que a retórica dispensa o vínculo entre ideias e coisas que uma apropriação objectiva dos fenómenos exige. Deste modo, a retórica seria uma técnica auto-remissiva, desvinculada dos objectos que pretende conhecer. Esta disparidade de princípio que, no limite, pode sig-

---

[32] Vítor Aguiar e Silva, "A vocação da retórica", in *Dedalus – Revista Portuguesa de Literatura Comparada – Nº 1*. Lisboa: Edições Cosmos, 1991.
[33] O autor utiliza ainda outros quatro argumentos contra-retóricos, a saber: a denúncia da retórica como inimiga da razão, de Locke; a denegação do estatuto epistemológico da retórica por Kant e, de modo geral, pelo Iluminismo; a derrogação da retórica enquanto "arte de falar bem sem pensar", de Gustave Lanson; e o não acolhimento da retórica na pragmática universalista de Habermas (Aguiar e Silva, *Idem*, pp. 10-11).

nificar inclusivamente uma incomensurabilidade drástica entre ciência e retórica, é particularmente evidente na descrição de retórica de Aguiar e Silva, como

> um saber, uma *techné*, que descreve e estuda determinados aspectos ou mecanismos do funcionamento do discurso, e cujo conhecimento, por parte de quem fala ou escreve e de quem ouve ou lê, pode contribuir para potenciar, complexificar, subtilizar ou refinar os processos de construção e de interpretação dos textos, mas que não deve ser considerado como a causa dos fenómenos discursivos que ele próprio descreve, classifica, analisa e ensina a praticar. Tais fenómenos resultam de um saber tácito, inconsciente, e de um saber adquirido que não coincide necessária, exclusiva ou mesmo predominantemente com o saber da *retoriké techné*. (Aguiar e Silva: 12; itálicos no original)

A retórica é, em última análise, um discurso que pode no fim de contas nem sequer ter uma ligação necessária com objectos no mundo ou com descrições de objectos no mundo. De acordo com esta definição, ele é até certo ponto auto-suficiente e imune a um contexto descritivo. Este tipo de truque técnico discursivo é, deste ponto de vista, completamente contrário às ambições metodológicas e analíticas da ciência ou da epistemologia cartesiana, escorada no reconhecimento de evidências fortes como suporte de opiniões particulares. Mas esta oposição binária entre ciência e retórica parece exigir, para Aguiar e Silva, uma requalificação dos dois conceitos-chave. Deste modo, sendo a retórica descrita como acima se viu, a ciência, por sua vez, é tida como não sendo "uma razão totalitária, imóvel e omninformativa" (um argumento popperiano). Há dois movimentos no argumento de Aguiar e Silva: o primeiro consiste num esvaziamento das pretensões da retórica, operado por via de duas estratégias interligadas – o uso de exemplos históricos em que se descrevem desconfianças de fundo quanto ao seu uso na análise objectiva dos fenómenos e a remissão para descrições resumidas que condensam os exemplos anteriores; uma descrição consistente da ciência como um meio e não um fim, uma estratégia usada repetidamente, por exemplo, pelos primeiros formalistas.

Em seguida, o autor detém-se em três formas contemporâneas de retórica: "a retórica *antimoderna* de Marc Fumaroli, a retórica *moderna* de

Terry Eagleton e a retórica *pós-moderna* de Stanley Fish" (Aguiar e Silva: 13-15). Os exemplos servem sobretudo para corroborar três argumentos principais contra o uso da retórica: primeiro, o de que a forma actual da retórica envolve uma concepção fundacionalista da mesma; segundo, o de que a retórica é inescapavelmente ideológica; terceiro, o de que a retórica é uma técnica que não possui um "objecto de análise específico" (uma ideia aristotélica).

O primeiro argumento consubstancia uma inversão de noções familiares quanto ao equilíbrio entre ciência e retórica, uma vez que é tido por certo, tipicamente, que a metodologia científica promove e encerra em si formas particulares de fundacionalismo, ou seja, subscreve a ideia de que existe um conjunto de premissas imunes ao cepticismo sobre as quais se constrói a estrutura piramidal do conhecimento. Aguiar e Silva altera substancialmente o balanço entre noções de largo curso de ciência como análise objectiva e fundacional, por um lado, e de retórica como discurso auto-suficiente sem fundações sólidas, por outro. Isto leva a que, no seu argumento, a ciência não seja descrita como totalitária ou imóvel e a retórica como uma estrutura discursiva totalmente livre e desvinculada de um objecto particular ou de fundações teleológicas. Pelo contrário, a retórica moderna é descrita como um corpo ao serviço de uma agenda política e ideológica. Isto contribui decisivamente para reordenar os termos da oposição. A retórica continua a ser descrita como auto-remissiva, mas Aguiar e Silva acrescenta-lhe uma nova dimensão: a retórica antiga não possui nem fundações nem objectivos; a retórica moderna, de certo modo inversamente, fornece acolhimento para um substrato fundacional de aspecto político e ideológico. O que anteriormente era uma estrutura à deriva passa a ser, no argumento de Aguiar e Silva, uma estrutura orientada a partir de um paradigma volitivo muito particular, que impende de modo decisivo sobre todas as ocorrências e sobre a própria definição de retórica.

Trata-se de um problema que é transversal a todo o estudo da literatura e que, de um modo mais particular, parece corporizar uma diferença importante entre a teoria europeia e a teoria americana. Esta diferença é gerida por Aguiar e Silva no artigo de 2007, "Genealogias, lógicas e horizontes dos estudos culturais", em que se descreve o modo como a retórica culturalista invadiu o estudo da literatura a partir de um ponto de vista político, ideológico e institucional, transformando os estudos literários numa plataforma de "guerrilha" cultural.[34] O argumento que preside a este artigo é duplo: em primeiro lugar, trata-se de dispor uma noção alargada daquilo que são as humanidades – e dos momentos históricos de intersecção entre cultura e literatura; em segundo lugar, trata-se de recensear os contributos modernos dos estudos culturais para o âmbito literário, no sentido pedagógico do estabelecimento de limites e fronteiras para essa relação.

Aguiar e Silva escolhe quatro tratamentos históricos diferentes da relação entre a cultura e as artes. A primeira, de Taine e Burckhardt, "estabelece uma relação explícita e forte da literatura e da arte com a cultura ou a civilização" (Aguiar e Silva: 245), através do conceito positivista de meio, um conceito operativo que contribui para um entendimento diacrónico da noção "cultura". O segundo, de Dilthey, expande esse mesmo conceito de meio através da introdução de noções espectrais como as de "atmosfera cultural" ou "sistemas culturais" para explicar que a compreensão da literatura, e em particular da poesia, só pode ser levada a cabo à luz da cultura e da história, dos sistemas circundantes e das manifestações culturais associadas. O terceiro, de Matthew Arnold, consiste num "entendimento da correlação da cultura e da literatura como expressões ... da «alma histórico-cultural» da nação, como manifestações cimeiras do património nacional e como factores de coesão e educação do povo" (Aguiar e Silva: 247), um ponto de vista liberal e humanista. Por último, o quarto, de F. R. Leavis, refina a concepção arnoldiana no sentido da defesa de uma cultura elitista contra a civilização de massas e a industrialização da cultura.

Estes quatro exemplos são usados por Aguiar e Silva para demonstrar a progressiva condução do conceito de cultura, e das operações que esta leva a cabo na sua relação multidimensional com a literatura, na direcção de um espaço cada vez mais exíguo. Ou seja, a cultura trans-nacional que serviu de base ao proto-culturalismo do século XIX é substituída pela retórica moderna do estado-nação e da cultura minoritária e elitista, que se recomenda como desejável face à dissolução em massa dos sistemas culturais. Este facto tem consequências importantes para o modo con-

---

[34] In *O Trabalho da Teoria – Colóquio em Homenagem a Vítor Aguiar e Silva*. Ponta Delgada: Universidade dos Açores, 2008 (pp. 243-269).

temporâneo de encarar a relação entre literatura e cultura, uma vez que esta última passa a ter uma dimensão notoriamente idiossincrática, restrita e, até certo ponto, instrumental. Segundo Aguiar e Silva,

> os estudos culturais, desde as suas primeiras manifestações, configuraram-se como um projecto de teoria e práticas culturais e literárias marcado por um forte compromisso ideológico-político com o movimento da *nova esquerda* (*New Left*) e com um marxismo não-dogmático e anti-estalinista. (Aguiar e Silva: 249; itálicos no original)

A ideia é a de que, em última análise, os estudos culturais modernos se foram progressivamente constituindo sobre uma estrutura institucional e política de contornos precisos. Tal sucedeu, primeiro, através da subscrição uma agenda política e, depois, pela sua inserção faseada no espaço académico, acompanhada por um fluxo migratório intermitente entre Inglaterra – o seu *locus* original – e os Estados Unidos. Esta metamorfose particular, em que a cultura passa subitamente de conceito heteróclito e sistemático (com Taine e Dilthey) para, primeiro, instrumento de uma agenda nacional (com Arnold e Leavis) e, depois, instrumento idiossincrático a favor de um posicionamento político particular (com os "cultural studies" modernos), é inaceitável para Aguiar e Silva. Tal como no caso da retórica, também no caso da cultura é o discurso universal da ciência a resposta para a arbitrariedade e para a perda de objectividade. Em conclusão, "[n]ão se pode erodir ou subalternizar a racionalidade do trabalho científico, condenando-o à instrumentalização por parte de práticas políticas" (Aguiar e Silva: 258).

Tal como já havia suspeitado García Barrientos (cf. capítulo II), a perda de objectividade factual e científica da teoria moderna parece ter muito a ver, nos argumentos de Aguiar e Silva, quer com o incremento da retórica enquanto ferramenta de análise, quer ainda – e mais importante – com a filiação da demanda epistemológica num quadro de reivindicações político-institucionais. Interessante é que ambos procedam à radicação desse estado de coisas no espaço americano. Para o primeiro, essa crise tem a ver com o peso excessivo atribuído ao sujeito que interpreta e que se traduz na construção das tais "modas" paroquiais a que se refere. Para o segundo, retórica e política são as faces visíveis de uma crise profunda – tanto institucional quanto pedagógica – que tem consequências decisivas para o estudo da literatura na sua dimensão global. O processo instancia, para além disso, um segundo, e decisivo, nível de diferença entre os estudos literários europeus e americanos. Trata-se de uma diferença que tem a ver com o espaço, a história, a geografia e a cultura:

> A crise dos Departamentos de Inglês nas Universidades dos Estados Unidos tem ainda uma dimensão especificamente americana que é indispensável realçar. Nas Universidades da Europa que se constituíram segundo o modelo da Universidade alemã concebida por von Humboldt, o estudo das literaturas nacionais mantinha uma relação substantiva com os valores históricos, religiosos, morais, culturais, etc., que identificavam cada estado-nação e por isso o estudo da literatura nacional desempenhava, em conformidade com o legado cultural do nacionalismo romântico e pós-romântico, uma função agregadora e revitalizadora do *ethos* nacional. Ora os Departamentos de Inglês das Universidades norte-americanas, embora tivessem vindo a leccionar também a literatura americana ... centravam o seu ensino e a sua investigação na literatura de outro país, a Inglaterra. Por outro lado, torna-se problemático afirmar que os Estados Unidos, com o seu multilinguismo e o seu multiculturalismo, algum dia tenham constituído uma nação-estado e decerto, por motivos de ordem endógena e exógena, cada vez mais se distanciam de tal modelo de formação política, social e cultural. (Aguiar e Silva: 255-256; itálico no original)

Deste modo, a Europa não se configura apenas como um sítio teórico no qual, como se viu em alguns dos argumentos descritos no capítulo II, os conceitos são estabelecidos de modo mais estável e duradouro. É também, segundo Aguiar e Silva, um lugar histórico e político, em que a conformação e estabilidade das fronteiras geográficas e culturais é decisiva para uma ideia de estudos literários. No limite, o multiculturalismo, juntamente com os seus correlatos teóricos, é contrário a uma ideia disciplinar e científica do estudo da arte. Neste sentido prático, Aguiar e Silva parece-se muito com Arnold e com Leavis.

É notório que, quer se trate de "subjectivismo", de "modas", de "paroquialismo", de usos retóricos ou de formas de "culturalismo", o ónus da crise é depositado num local particular: um estado multicultural e heterogéneo em que as fronteiras culturais, conceptuais e teóricas são porosas a um ponto de semi-dissolução. E é também muito visível que os estudos culturais modernos, mais do que constituírem uma solução para as desproporções e o carácter heteróclito do estudo da literatura, antes contribuem para agravar a crise. Há uma correspondência muito particular entre as necessidades teóricas e pedagógicas de um determinado espaço geográfico e político e as soluções gerais que são propostas para suprir essas mesmas necessidades. De modo cru, pode dizer-se que a estabilidade política e fronteiriça que caracteriza a Europa promove uma ampla estabilidade conceptual e uma delimitação mais rigorosa do escopo dos estudos literários; e que, em alturas de crise, a sua exigência de estabilidade requer de algum modo o retorno a critérios linguísticos e filológicos, que funcionem como garante metodológico. Ao invés, na América, a flutuação das fronteiras e o multi-culturalismo parecem promover a subjectividade e as modas paroquiais que, quando confrontadas com uma crise pós-paradigmática, são sistematizadas (e politizadas) pelos estudos culturais. Este movimento contribui explicitamente, no argumento de Aguiar e Silva, para aumentar a confusão. Deste modo,

> [c]ondenados à anti-disciplinaridade e à adisciplinaridade, os estudos culturais ... fabricaram um *bricolage* mais ou menos compósito e heterogéneo de teorias e métodos – ou antes, de fragmentos de teorias e métodos – mas não elaboraram nem uma epistemologia nem uma metodologia comparável em rigor e densidade às do formalismo russo, do estruturalismo checo, do estruturalismo francês ou da desconstrução. (Aguiar e Silva: 266; itálico no original)

Formalismo, estruturalismo e desconstrução são correntes teóricas que possuem duas características comuns: o facto de terem sido concebidas no espaço europeu e o facto de se apoiarem numa moldura teórica rigorosa e objectiva.[35] Constituem-se, por isso, tanto como entidades geográficas quanto como entidades teóricas e programáticas, sendo que, como já se viu, a relação entre espaço e teoria é ao mesmo tempo consequencial e inter-determinável. Mais uma vez, o "bricolage compósito" (ou, *mutatis mutandis*, as "modas" de Barrientos) é atribuível a um território que, por ser o território que é, produz uma teoria perigosamente desligada da dignidade disciplinar tida como indispensável noutros espaços teórico-geográficos. Isto quer dizer, aparentemente, que a crise de que se falou no capítulo II tem raízes definidas e uma genealogia precisa.

---

[35] Com uma ressalva em relação à desconstrução (cf. capítulo II, p. 44).

Deixa, pois, de constituir a base de uma "explicação de mão invisível" para o estado actual dos estudos literários e, em particular, da teoria, para passar a ser um sítio para o qual se pode claramente apontar.

O tópico da crise é recorrente nos artigos mais recentes de Aguiar e Silva, embora a amostra incompleta de que me sirvo neste capítulo confirme de algum modo uma evolução em termos de abordagem. Isto porque, na conferência de 2006 intitulada "As humanidades e a cultura pós-moderna"[36], o autor opta por incluir o conceito de "crise" no âmbito mais geral das humanidades, sob um ponto de vista académico e universitário, diferente da perspectiva teórico-espacial de "Genealogias, lógicas e horizontes dos estudos culturais". Ou seja, aquilo que em 2006 é uma espécie de diagnóstico geral da situação das humanidades no período pós-moderno passa, em 2007, a ser a descrição de uma patologia específica com origens determinadas: a América teórica sob o jugo dos estudos culturais.

"As humanidades e a cultura pós-moderna" nasce da necessidade de explicar estes dois conceitos, aparentemente co-relacionados de modo desigual na modernidade ou, pelo menos, com prejuízo das primeiras. A ideia central é a de que a "cultura pós-moderna" é "historicamente amnésica, relativiza todos os valores, amalgama e confunde ... os vários níveis da cultura e da literatura" (Aguiar e Silva [Baptista]: 182), uma ideia contrária à estabilidade conceptual e tradicional garantida pelo rigor e racionalidade do método científico, tal como defendida por Aguiar e Silva (na senda de Arnold, Leavis e, em certa medida – embora tal não seja explicitamente admitido em qualquer dos textos escolhidos neste capítulo –, de Eliot). A pós-modernidade é metaforizada como uma amálgama caótica em que cultura, artes e valores são extirpados da sua conotação honorífica tradicional para serem manejados no contexto de uma cultura de massas. Ou seja, sugere-se que as humanidades académicas, porque radicadas numa longa história que começa na Antiguidade Clássica, parecem ter um futuro sombrio num mundo pós-industrial e modernizado que ignora as suas raízes.

---

[36] Reproduzida no volume *A Poética Cintilação da Palavra, da Sabedoria e do Exemplo* (de homenagem a Aguiar e Silva, organizado por Fernando Paulo Baptista). Viseu: Governo Civil de Viseu, 2007; pp. 179-193.

Esta espécie de "querelle des anciens et des modernes" é amplificada no argumento de Aguiar e Silva como uma inevitabilidade (cuja origem, de resto, o autor situa no final do século XIX), mas uma inevitabilidade de carácter especial. Isto porque intui no discurso pós-moderno uma deturpação do sentido de "humanidades" que, embora sirva de modo instrumental para corroborar esse mesmo discurso, é completamente contrário aos ideais humanistas que presidem a toda a teoria de Aguiar e Silva. A crise tem, então, uma história já longa e age "em nome de uma modernidade míope, de um falso progressismo cultural e científico e de um utilitarismo rasteiro" (Aguiar e Silva [Baptista]: 183), o que, em última análise, é uma forma institucional de politizar a epistemologia. Este aspecto é particularmente visível no modo como a universidade moderna gere a questão das "humanidades", tidas como campos de estudo não rentáveis sob uma lógica utilitarista de perdas e ganhos. A este estado de coisas contrapõe Aguiar e Silva a sua noção de "humanidades", num argumento que vale a pena citar na íntegra:

> As humanidades são disciplinas que pressupõem e postulam a preeminência da palavra e dos textos – a palavra e os textos com os quais o homem se constitui como homem, desde a esfera da religião e da moral até à esfera da poesia, desde a esfera do conhecimento filosófico até à esfera da política e do direito. A gramática, a retórica e a poética são disciplinas fundamentais que ensinam a utilizar a palavra e a produzir textos, por um lado, e a interpretar a palavra e os textos, por outra parte. Embora possa não ser politicamente correcto, neste tempo de pluralizações obsessivas, falar da *natureza humana*, temos de ter a coragem de dizer que as humanidades estudam e iluminam o que é fundamentante e próprio da natureza humana e que não pode ser explicado nem pelas ciências naturais nem pelas ciências sociais, embora umas e outras possam dar contributos relevantes. A *dignitas hominis*, a liberdade do homem, a sua conduta ética, a sua intervenção cívica e a sua participação política são impensáveis sem a capacidade de produzir e interpretar textos e por isso as humanidades não são redutíveis a meras técnicas instrumentais: são saberes técnicos, no sentido etimológico deste termo, que desvelam, revelam e activam o que há de mais profundo, complexo e subtil na razão, nos sentimentos, na imaginação, nos desígnios e nas acções dos homens. É elucidativo, aliás, observar que algumas das orientações mais inovadoras e fecundas de ciências como a antropologia, o direito, a sociologia e a psicologia devem muito a modelos epistemológicos e metodológicos oriun-

dos de disciplinas das humanidades como a linguística, a retórica e a teoria da literatura ... (Aguiar e Silva [Baptista]: 190; itálicos no original)

Trata-se, se não de uma perspectiva liberal das Humanidades, pelo menos de um ponto de vista multi-disciplinar que restaura, em parte, o papel das humanidades como fonte de conhecimento e auto-conhecimento, de inspecção e de análise.[37] Mas, por outro lado, não deixa de ser também uma defesa acérrima dos estudos literários contra um adversário preciso: a retórica pós-moderna, politizada e atentatória da estabilidade racional e tradicional do estudo da literatura. É interessante que Aguiar e Silva não tenha escolhido como oponente a ciência – ou, a um outro nível, as "ciências duras" – como fizeram, por exemplo, alguns dos primeiros formalistas. É notório que o esforço formalista para dotar o estudo da literatura de um objecto e de métodos análogos aos das ciências assenta, em última instância, numa oposição binária entre dois macrocampos de estudo: as humanidades, por um lado, e as ciências, por outro. Mas, como já se viu, Aguiar e Silva é particularmente sensível aos argumentos daquilo que poderíamos descrever como uma tendência minoritária dentro do primeiro formalismo e sobretudo a conceitos como os de "facto literário", que decorrem da inabilidade teórica para se definir correcta e estavelmente o conceito de literatura.[38]

Isto acontece porque, para Aguiar e Silva, não existe nenhum conflito entre literatura e ciência: o seu conceito interdisciplinar de "humanidades" testemunha justamente isso. O que é aparente, isso sim, é que ciências humanas e ciências duras são construções teóricas de natureza diferente, apesar de as primeiras ganharem substancialmente quando cooptam o rigor metodológico e o saber enciclopédico que caracteriza as segundas. Ou seja, o sistema de Aguiar e Silva é construído não numa base de antagonismo entre ciência e literatura (dois campos teóricos de

---

[37] A colaboração interdisciplinar é, de resto, exemplarmente demonstrada por Aguiar e Silva no seu *Competência Linguística e Competência Literária*. Coimbra: Livraria Almedina, 1977. Trata-se de uma incorporação parcial de conceitos e métodos operacionalizados por Chomsky, no domínio da linguística, em defesa da possibilidade de uma poética gerativa.
[38] Para uma interessante cartografia das relações de Aguiar e Silva com o formalismo (e em particular com o "New Criticism" americano), a propósito de noções como "contexto", "leitura" e "interpretação", cf. o já referido "A 'leitura' de Deus e as leituras dos homens".

natureza distinta), mas entre boas e más maneiras de se estudar literatura. Este ponto de vista torna-se auto-evidente logo a partir das suas produções teóricas iniciais, como demonstra a sua descrição de "teoria da literatura" na 2ª edição da obra epónima:[39]

> A teoria da literatura integra-se no grupo das ciências do espírito, caracterizadas por possuírem um objecto, método e escopo diversos dos das chamadas ciências da natureza. Enquanto estas têm como objecto o mundo natural, a totalidade das coisas e dos seres que são simplesmente dados, quer ao conhecimento sensível, quer à abstracção intelectual, as ciências do espírito têm como objecto o mundo criado pelo homem no transcurso dos séculos – âmbito singularmente vasto, pois abrange todos os domínios da multímoda actividade humana. As ciências naturais têm como ideal a explicação da realidade mediante a determinação de leis universalmente válidas e necessárias que exprimem relações inderrogáveis entre os múltiplos elementos da realidade empírica; as ciências do espírito, por sua vez, esforçam-se por «compreender a realidade no seu carácter individual, no seu devir espacial e temporalmente condicionado». [Nota: a citação é de uma obra de Pietro Rossi] Quer dizer, por conseguinte, que a teoria da literatura, ramo do saber incluído nas ciências do espírito, não pode aspirar à objectividade, rigor e exactidão que caracterizam as ciências da natureza: o conceito de lei, elemento nuclear das ciências da natureza, não é verificável nos estudos literários, e algumas tentativas conducentes ao estabelecimento de leis no estudo do fenómeno literário têm esbarrado com dificuldades intransponíveis. (Aguiar e Silva: 50-51)

O sistema de Aguiar e Silva constrói-se assim sobre a premissa básica de que estudar literatura e estudar botânica, por exemplo, são actividades diferentes cuja operatividade probatória é incomensurável a um ponto tal que as duas deixam de ser comparáveis. O que é importante é que, em conclusão, elas são duas formas diferentes de negociar a nossa relação com objectos e com o mundo, mas que exigem, no argumento geral de Aguiar e Silva, um rigor analítico e uma capacidade crítica em tudo análogas. Ou seja, não é a diferença de escopo entre literatura e ciência que valida a admissão ou não admissão de tendências críticas particulares,

---

[39] Vítor M. de Aguiar e Silva, *Teoria da Literatura*. Coimbra: Livraria Almedina, 1968.

mas sim a capacidade ou incapacidade de fazer as coisas com o rigor e a seriedade que elas reclamam. O ponto é que, em Aguiar e Silva, a desproporção familiar entre "ciências do espírito" e "ciências naturais" é gerida de modo pacífico e paradoxalmente não polémico. O que lhe interessa é, sobretudo, fazer valer a ideia de que, no campo específico do estudo da literatura, o que conta é que a análise seja levada a cabo com a acuidade, o rigor e a objectividade que os objectos próprios da demanda teórica reclamam.

Torna-se imediatamente claro que, à luz dos argumentos de García Barrientos e Segre descritos no capítulo II, a descrição de teoria de Aguiar e Silva é, pelo menos à primeira vista, marcadamente europeia. Ou seja, utiliza como escoras metodológicas princípios básicos diagnosticados pelos dois primeiros como marcadamente característicos da teoria como ela é praticada na Europa: um vínculo preciso com uma tradição filológica e textual; a descrição da análise da literatura como uma actividade paracientífica que exige rigor analítico e honestidade intelectual; uma forma particular de promoção da objectividade pela filiação numa tradição europeia anti-impressionista; a recusa em admitir o discurso da retórica como possibilidade de uma "ciência da literatura"; a impossibilidade de estatuir uma teoria literária séria sob os auspícios dos estudos culturais; uma desconfiança pronunciada em relação aos efeitos da cultura pósmoderna sobre as "humanidades"; por fim, uma crença mais ou menos explícita na ideia de que a teoria praticada na América é menos objectiva, mais porosa e cientificamente menos fiável do que a teoria de matriz europeia.

Como García Barrientos demonstra, e como se referiu no capítulo II, há uma diferença de grau muito importante e demonstrável entre dois blocos teóricos geográfica e analiticamente distintos. Esta diferença é amplificada por Aguiar e Silva com a introdução de subtis diferenças de segundo grau. No seu argumento, a crise das humanidades é tipicamente americana, em parte porque a América não pode deixar de ser uma colecção multi-cultural de estados cuja identidade é híbrida e variável. Para além disso, a América teórica é, por excelência, o sítio em que a retórica é admitida como ferramenta operativa de análise – uma retórica que é, no argumento de Aguiar e Silva, fundacional. A sua defesa da ciência não é uma defesa do método científico propriamente dito ou uma forma de cooptar procedimentos científicos pelo estudo da literatura. É antes uma chamada de atenção para o facto de a herança cultural e literária da humanidade possuir uma honorabilidade inalienável, que não é substituível pelo consumo de massas e que exige um tratamento rigoroso.

O trabalho da teoria é, pois, um trabalho sério orientado para a finalidade precisa de gerir objectos e produções que fazem parte do lastro comum da herança do homem, um trabalho que necessita de textos e de formas de interpretação escoradas na estabilidade de uma tradição e na âncora textual. Uma forma particular de análise que tem de ser levada a cabo com rigor, seriedade e atenção, uma atenção que se volta no sentido do texto enquanto objecto e muito menos no sentido do discurso, do intérprete, ou do discurso do intérprete. Trata-se de um sistema complexo e multiforme, do qual aqui se apresentou uma amostra necessariamente incompleta e parcelar. As conclusões a que se chegou são, também elas, unilaterais e muitas vezes condicionadas, de modo circular, pelos exemplos escolhidos. No entanto, servem o propósito de ilustrar que, tanto à luz de alguns dos argumentos descritos no capítulo II como à sombra de uma idiossincrasia particular, Aguiar e Silva subscreve uma noção de teoria marcadamente europeia. Seguidamente, abordar-se-á um modo ligeiramente diferente, mas igualmente rigoroso, de descrever a teoria. Um modo que deve mais à forma americana de teorizar (e de argumentar) e que, por isso mesmo, inclui, discute e problematiza questões análogas sob uma roupagem diferente.

IV
Conversas sobre interpretação

No capítulo anterior verificou-se como, à luz de argumentos descritos no capítulo II, há pelo menos um sentido em que a teoria parece confinável ao sítio de onde provém. Mas, por outro lado, a teoria é também irredutível num sentido muito preciso, segundo o qual há meramente modos melhores e piores de a praticar. Deste modo, as coincidências geográficas destas atribuições podem, no limite, ser vistas como apenas isso: coincidências. A diferença entre considerar a teoria pelo lado da causalidade geográfica e pelo lado do valor das suas práticas é, aparentemente, uma diferença importante – e de espécie, como se pode constatar por comparação de alguns argumentos do capítulo II com os argumentos mais recentes de, por exemplo, Aguiar e Silva. Esta disparidade não será tratada neste capítulo. Antes, supor-se-á, a bem do argumento, que existem formas de fazer teoria que poderíamos descrever como típicas de determinados sítios.[40] Isto implica, pelo menos por agora, que existem vantagens em manter como verdadeiros os argumentos de García Barrientos e Segre e em suspender – temporariamente – uma parte substancial do sistema de Aguiar e Silva.

Há, na presente discussão, uma questão subliminar que não foi ainda tratada e que, de algum modo, ajuda a explicar as suas próprias premissas.

---

[40] A diferença entre as teses do capítulo II e do capítulo III, bem como a consideração de espaços intelectuais decalcados de espaços geográficos, será discutida em pormenor nas conclusões deste estudo.

A suposição, subscrita explicitamente por Barrientos e Segre – e em menor grau por Alborg e Aguiar e Silva – de que a teoria tem aspectos que a reconduzem a um espaço determinado é, para todos os efeitos e propósitos, escorada num posicionamento particular quanto à questão das propriedades. Trata-se de um problema epistemológico transversal ao estudo da literatura e que assume centralidade nas questões hermenêuticas que habitualmente derivam desse estudo. De modo cru (e resumido), o problema – que é sobretudo filosófico – pode colocar-se nos seguintes termos: há pessoas que acreditam que os objectos possuem propriedades intrínsecas e outras que acreditam que não. Para os primeiros, a tarefa do conhecimento consiste em extrair propriedades distintivas dos objectos; para os segundos, trata-se de discutir interpretações e posições de modo inter-subjectivo, uma vez que as propriedades são constitutivas de descrições (não dos objectos propriamente ditos) e, por isso, transitivas e relacionais.

No capítulo III vimos como Aguiar e Silva descreve esta contenda (ou, pelo menos, versões radicais da mesma), ao distinguir entre "neuróticos textuais" e "agnósticos textuais", ou entre uma crença profunda de que só o texto permite a criação de sentido e, por isso, de interpretações e a crença de que a interpretação se basta a si mesma. Estas duas posições são, obviamente, versões fortalecidas do debate sobre propriedades e interpretações. No entanto, ambas reflectem o problema hermenêutico crucial e um posicionamento preciso quanto à possibilidade de textos literários terem propriedades intrínsecas ou não. A questão é resumida por Miguel Tamen nos seguintes termos:[41]

> Se eu estiver certo, então, e apesar de todas as aparências, ao substituirmos a conversa sobre o texto pela conversa sobre interpretação não estamos a desistir de falar sobre propriedades intrínsecas. A conversa sobre propriedades intrínsecas dos textos é simplesmente substituída por uma conversa (ou um silêncio embaraçado) sobre as propriedades intrínsecas da interpretação ... Sem dúvida, falar acerca de conhecer mais sobre objectos alegadamente independentes, como textos, caiu em descrédito ... Numa palavra, pode não haver uma grande diferença (embora existam certamente muitas

---

[41] Em "Invention and Interpretation" (in Tamen, *The Matter of the Facts: On Invention and Interpretation*. Stanford: Stanford University Press, 2000; pp. 13-28).

pequenas diferenças) entre dizer-se que um texto é uma soma de propriedades intrínsecas e dizer-se que um texto é realmente uma soma de usos ou de actos de atribuição de valor. Em qualquer dos casos, continuamos a falar de propriedades intrínsecas, mesmo se no segundo caso o fazemos ao referirmo-nos a «tendo-lhe sido atribuídos valores contingentes» como uma propriedade intrínseca. Talvez a suposição de propriedades intrínsecas (de quaisquer tipos) seja a primeira e a única maneira de lidar com textos. Não digo isto em nenhum elegante sentido historicista, e assim devo sublinhar que não estou a falar de «*um* modo de lidar com textos». Quero dizer que não conheço nenhum *outro* modo, nem o consigo imaginar. A este respeito, não parece haver diferença entre acreditar-se em propriedades intrínsecas dos textos e acreditar-se na falsidade da crença em propriedades intrínsecas dos textos – ou seja, entre ser um formalista e ser um anti-formalista. A este nível, os anti-formalistas estão certos. Não há distinção entre factos e valores na medida em que estas duas noções são usadas do mesmo modo para denotar o que poderíamos chamar de aspectos necessários, não tanto de um objecto mas de certas acções, de certos modos de lidar com o mundo. (Tamen: 18-19; itálicos no original)

Posta nestes termos, a questão passa já, não por se saber qual dos lados da contenda tem razão mas antes – e mais importante – que tipo de ganho epistemológico cada uma das posições acarreta. Neuróticos e agnósticos parecem estar a fazer coisas parecidas, uma vez que não conseguem contornar a discussão acerca das propriedades, mas supõe-se, de modo explícito no argumento de Tamen, que a "conversa sobre interpretação" é mais proveitosa do que a "conversa sobre o texto". Isto acontece porque, no seu argumento, a pretensão de equiparar o estudo da literatura ao estatuto de ciência nem sequer se põe. Tal como no sistema de Aguiar e Silva (de que se deu conta no capítulo anterior), estudar textos literários é uma actividade negocial entre pessoas e objectos no mundo – um conjunto de "acções" em relação às quais o conceito de "lei" simplesmente não se aplica. Mas, uma vez que a discussão em torno das propriedades intrínsecas não é erradicável por *fiat*, o que sobra é uma relação de perdas e ganhos epistemológicos em que se medem as duas posições: a formalista e textual, por um lado, e a hermenêutica, por outro.

O propósito deste capítulo passa por cartografar as implicações desta segunda posição. Unilateralmente, ela será descrita como mais próxima daquilo que García Barrientos e Segre descrevem como a teoria proveniente da América. Como se verá, ela é de espécie diferente da retórica culturalista que Aguiar e Silva descreve como parcialmente responsável pela "crise" e também das "modas" teóricas que, de modo mais claro ou mais velado, são consideradas por vários dos argumentos analisados no capítulo II, perturbadoras da estabilidade desejável para o estudo da literatura. Unilateralmente, também, ela será reconduzida àquilo que poderíamos descrever como uma "escola" de teoria da literatura em Portugal, representada por Miguel Tamen e António M. Feijó na Universidade de Lisboa.[42]

A ideia não é, como já se disse, a de contrastar por antagonismo as duas "tradições" teóricas portuguesas (ou, dito de outra forma, produzidas em Portugal) que, pela sua influência e rigor metodológico e pedagógico, conquistaram espaços centrais na leitura nacional daquilo a teoria pode constituir. No capítulo III verificou-se de que forma Aguiar e Silva, ao subscrever a noção de "facto literário" (contra uma definição inamovível de literatura), ao deflacionar as pretensões científicas de certos modos de entender o estudo da literatura e ao concentrar a tarefa teórica numa noção particular de rigor e objectividade, adopta uma versão de formalismo moderado que o afasta da neurose textual. Neste capítulo, procurará demonstrar-se que a "conversa sobre interpretação" (pelo menos a que ocorre em Portugal) se afasta, também ela, não só do "agnosticismo textual", como também do "culturalismo" e da "retórica fundacionalista" descritas por Aguiar e Silva, ou ainda das "modas paroquiais" de que fala García Barrientos.[43]

Numa obra publicada em 2001 (no original em inglês), traduzida para português em 2003, Miguel Tamen recupera o argumento de "Invention

---

[42] O Programa em Teoria da Literatura funciona como programa de estudos pós-graduados na Faculdade de Letras da Universidade de Lisboa desde 1991, contando actualmente com 65 alunos de mestrado e doutoramento e tendo já dado origem a cerca de 75 dissertações. Tamen e Feijó são referências incontornáveis no referido Programa, quer em termos de funções docentes, quer no desempenho de tarefas de direcção, organização e planeamento.

[43] De uma possível aproximação das duas versões moderadas, a de Aguiar e Silva (formalista moderada) e a de Tamen e Feijó (hermenêutica), falar-se-á imediatamente a seguir, nas conclusões deste trabalho, embora a primeira citação que se inclui neste capítulo possa constituir uma evidência do rumo que a discussão irá tomar.

and Interpretation" acerca da questão das propriedades, de modo a traduzir inequivocamente uma das linhas de força do seu sistema.[44] A ideia já não é só a de que formalistas e anti-formalistas exercem formas de actividade análogas pela impossibilidade de se fugir ao discurso sobre propriedades, mas a de que, em termos epistemológicos, uma das duas possíveis soluções é mais útil do que a sua alternativa. Deste modo,

> o que estou a sugerir, e o que foi sugerido por muitos outros, é que é capaz de haver algumas vantagens em descrever a interpretação como um conjunto de acções realizadas relativamente a uma colecção variada de coisas, em vez de a conceber como uma tentativa de fixar as propriedades intrínsecas de coisas. (Tamen: 123)

Este argumento tem implicações importantes para o conceito de interpretação, como se torna imediatamente óbvio, mas também exerce influência sobre concepções gerais acerca de macro-definições como "estudos literários" e mesmo "teoria". Desde logo, admite-se que é mais útil, de modo geral, ler a teoria pelo lado da hermenêutica do que pelo lado dos objectos, considerados estritamente como receptáculos auto-evidentes de determinadas propriedades. Por outro lado, uma vez que os objectos particulares, como o são textos literários, pertencem a colecções variadas de coisas, tal pode querer dizer que não existem diferenças de espécie mas apenas de grau entre interpretações – uma vez que há muitos conjuntos de coisas em relação aos quais, potencialmente, podemos exercer acções. Estas acções gerais possuem, no entanto, um resíduo de particularidade, uma vez que, na própria descrição de "interpretação", estão incluídos factores operativos como os de "objecto", "objecto particular", "colecção de objectos particulares", "acção" e "conjunto de acções". Ora, se há "acções" hermenêuticas dirigidas a textos literários, isto significa que – contra todas as evidências – há um modo de escapar racionalmente ao estigma do "agnosticismo textual". Ou seja, conclui-se que nem todos os "não neuróticos" são necessariamente "agnósticos".

O posicionamento em relação à questão das propriedades é, ao mesmo tempo, função e escora de um argumento geral em relação à inter-

---

[44] Em *Amigos de Objectos Interpretáveis*. Lisboa: Assírio & Alvim, 2003.

pretação, que aspira a reequilibrar o factor "objecto" e o factor "sujeito" dentro de um elenco de "acções dirigidas a". O que é realmente único no texto literário é o modo como este parece reclamar que se exerçam determinadas acções em vez de outras. Por isso, existe uma discussão (que é, ao mesmo tempo, antecedente e subsequente) acerca de acções admissíveis ou não admissíveis, correctas ou incorrectas, úteis ou inúteis. Este movimento supõe um deslocamento do *locus* hermenêutico do objecto para as acções que se tomam para com esse mesmo objecto e para com os objectos que lhe são equiparados. Assim,

> a noção de interpretação ... não é tanto, como às vezes se ouve, o reconhecimento dos enigmas específicos apresentados pelas obras ... mas uma série de operações dirigidas à supressão da diferença entre percepção e sentido ... (Tamen: 61)

A questão parece residir na discussão da natureza dessas operações, uma vez que se aceita como evidente que as interpretações envolvem um sentido de percepção. Ou seja, interpretar depende da competência que certos intérpretes têm para diminuir o hiato que existe entre a percepção de um objecto e o sentido que ele tem. Em muitas teses "neuróticas" moderadas acredita-se que o sentido de um texto é auto-evidente, embora se exija ao sujeito que o analisa um conjunto de técnicas e a gestão de uma série de evidências que são, no limite, particulares. Até certo ponto, de acordo com este argumento, essas evidências estão apenas ao alcance de elites especializadas. Quando se introduz a variável "percepção" em contraste com a variável "enigmas específicos" dos objectos, tal só pode significar que o sentido que as obras de arte têm não é exclusivo de cada objecto. É, se quisermos, uma construção partilhada, em primeiro grau, entre sinais das obras e posicionamentos perceptivos dos sujeitos e, em segundo grau, entre um elenco de operações que o sujeito leva a cabo em relação com a sua experiência e com uma série de outras operações mais ou menos idênticas.

A tão procurada objectividade radica, neste argumento, na qualidade e proficiência das "operações", o que supõe, para além de uma pragmática relacional, estratégias e modos de reconhecimento (intra e inter-subjectivos) daquilo que conta como uma operação adequada e daquilo que não se qualifica como tal. O que importa verdadeiramente, no terreno da discussão hermenêutica, é perceber a natureza das "operações" e, por inerência, perceber que tipo de "operações" são tipicamente usadas na "conversa sobre interpretação", bem como clarificar as razões pelas quais estas diferem das usadas na "conversa sobre o texto". Neste processo, há um ponto que se torna desde logo transparente: o ónus da interpretação passa a dividir-se entre texto e intérprete, em vez de se alicerçar exclusivamente no primeiro – uma posição intermédia que contorna tanto a "neurose" como o "agnosticismo".

Um deslocamento deste tipo acarreta, no entanto, alguns problemas que são cruciais para uma descrição de interpretação. Se a tarefa do intérprete passa a ser a de apontar para várias coisas ao mesmo tempo (para o texto, para si mesmo e para outros como ele), em vez de apontar apenas de modo inequívoco para o objecto textual, isto significa que a própria tarefa de "apontar para" necessita de requalificação. Uma vez que a natureza das interpretações se expande, neste argumento, é provável que, em última análise, também os processos de justificação e as explicações para a actividade racional que é a interpretação se alterem – visto que interpretações são, de muitas maneiras, explicações de objectos, de colecções de objectos, de operações e de sentidos. Miguel Tamen chama a atenção para o modo como famílias de explicações se foram alterando historicamente até chegarem a um ponto contemporâneo em que aquelas assumem formas particulares.[45] Trata-se de um movimento epistemológico geral que Tamen sintetiza do seguinte modo:

> Parece existir uma ligação entre a boa reputação de que actualmente gozam as doutrinas da explicação que apelam à noção de narrativa ... e a perda de respeitabilidade das doutrinas da explicação que apelam principalmente para modelos sintácticos ou semânticos de inteligibilidade. Com efeito, alguns desenvolvimentos recentes da filosofia das ciências nesta direcção estão ligados a uma recusa por vezes muito explícita da maior parte das formas de verificacionismo, bem como a uma rejeição daquilo que é por vezes conhecido como teorias da verdade por correspondência. ... A emergência da narrativa pode ser vista como o correlato de uma modificação nos processos de verificação em algumas actividades. (Tamen: 152-153)

---

[45] Em *Maneiras da Interpretação – Os Fins do Argumento nos Estudos Literários*. Lisboa: Imprensa Nacional – Casa da Moeda, 1994 (traduzido do original em inglês, de 1993).

A injunção deste argumento é a de que, no fundo, correspondências matemáticas ou causais entre objectos e interpretações têm vindo a perder honorabilidade e a ser progressivamente substituídas por uma noção de hermenêutica equiparada ao acto de "contar histórias". "Contar histórias" tem, à primeira vista, duas vantagens consideráveis: a primeira é, desde logo, a de que parece ser mais fácil fazer corresponder (ou relacionar) histórias a outras histórias do que fazer corresponder (ou relacionar) factos com linguagem e, por inerência, com interpretações; em segundo lugar, a de que a compatibilidade entre narrativas alarga o escopo das investigações racionais a um ponto em que a inter-subjectividade passa a definir os termos da objectividade (como talvez Davidson pudesse ter dito). Isto não significa, no argumento de Tamen, que a verificação seja menorizada a um ponto de não-operatividade. Quer antes dizer que a lógica da verificação se alterou substancialmente – onde antes se apontava para coincidências entre factos ou propriedades de objectos (o que, *mutatis mutandis*, acaba por ser o mesmo) e interpretações, aponta-se agora para coincidências (ou descoincidências) entre narrativas.

Descrita deste modo, a interpretação parece ganhar um sentido diacrónico particular, em que a sincronia monolítica das correspondências necessárias é substituída por um *continuum* narrativo, assente em relações de proximidade, vizinhança, contiguidade ou antagonismo, que são tanto racionais quanto relacionais. Para além disso, teorias e interpretações surgem sempre depois das ocorrências, e isto quer dizer que contar uma história hermenêutica supõe uma História, ou um encadeamento contínuo de narrativas umas nas outras (naquilo que descreveríamos como uma espécie de património racional comum, em que coisas e explicações sobre coisas rimam umas com as outras de modo muito particular). A conclusão é que

> [a] hermenêutica nunca é disparatada, na medida em que veicula invariavelmente a convicção de que não existem coincidências. Esta convicção é decerto a convicção na possibilidade de detectar uma relação entre duas presenças (e não, como por vezes se diz, entre uma presença e o seu sentido); e as escassas figuras de tal relação ... são aquilo que constitui o sentido. O acto da decifração, que durante muito tempo (incluindo o nosso) foi usado como o próprio emblema da hermenêutica, não é deste modo tanto o acto de uma procura de significado como é o momento da constituição do sentido ou, por outras palavras, o acto que realiza a mediação entre a linguagem e a

memória daquilo que a linguagem tem invariavelmente de representar. E o sentido, a seriedade da hermenêutica, o seu carácter *pensativo* ... determina-se através da possibilidade de estabelecer conexões anamnésicas e, portanto, na ordem particular de tais conexões. Ver uma história como História pode transmitir quer a convicção jamesoniana de uma revelação do histórico no narrativo quer a convicção rortiana de uma redenção pelo histórico da heterogeneidade das narrativas. (Tamen: 178; itálico no original)

A interpretação é particular neste sentido: é ela mesma uma história, que precisa de História, ou, na pior das hipóteses, de uma consciência da História. Esta necessidade requalifica a hermenêutica enquanto ciência do espírito, ou enquanto ciência humana ou, melhor ainda, enquanto actividade racional e relacional tipicamente humana, com um escopo particular e uma metodologia específica. Trata-se de um argumento semelhante àquele em que Aguiar e Silva defende que "as ciências do espírito têm como objecto o mundo criado pelo homem no transcurso dos séculos" (cf. capítulo III, p. 70). Ora, se a hermenêutica, como instrumento da crítica e da teoria da literatura, tem a ver com colecções de artefactos criados historicamente pelo homem, isto talvez queira dizer que existe uma relação particular entre quem cria e quem descreve. "É o homem que é preciso conhecer", avisa Hyppolite Taine no prefácio à sua *Histoire de la Littérature Anglaise*, o que vem instaurar um equilíbrio preciso entre criador e receptor, autor e intérprete.

Em *Hermenêutica e Mal-Estar*, Miguel Tamen apresenta um argumento forte a propósito da relação entre interpretação, história e "ciência do individual".[46] Trata-se de uma relação à partida compósita, mas que é amalgamada neste argumento de modo a demonstrar que certas definições correspondentes a certas actividades são, sob o ponto de vista da interpretação, influenciáveis entre si, numa perspectiva histórica e racional que ao mesmo tempo condiciona, impende sobre e é justificada por esse nível de relacionamento. O que se conclui é que a actividade hermenêutica, quando praticada no interior de "conversas sobre interpretação", tem consequências particulares em termos de arrumação dos conteúdos racionais e em termos do progresso das operações interpretativas. Textos literários, no fundo, reclamam uma proximidade entre indivíduos (ou

---

[46] Miguel Tamen, *Hermenêutica e Mal-Estar*. Lisboa: Imprensa Nacional – Casa da Moeda, 1987.

entre narrativas), caucionada pela História e justificada tanto pelas "colecções de objectos", como pelas "operações" que são usadas para descrever esses mesmos objectos. A conclusão é que

> [é] então a componente mais fortemente interpretativa dos argumentos da crítica que deverá tornar possível (ou pelo menos permitir o encorajamento de) formulações que aproximam a concepção das tarefas da interpretação da concepção de uma ciência do individual. Isto equivale a postular ... que o facto de a ciência do individual poder aparecer como horizonte da teoria literária é predominantemente um sintoma hermenêutico, que colhe a sua origem em traços do foro da interpretação. Repita-se, todavia, que é absurdo pensar que este sintoma seja necessário ... (Tamen: 138-139)

Este paradoxo de não-necessidade segue de uma enumeração de aspectos dos argumentos utilizados na crítica, características que, no fundo, condicionam a interpretação, não de modo necessário, mas de modo típico e particularmente visível. Importante, contudo, é verificar-se como e por que razões a actividade hermenêutica caminha, pela natureza dos seus argumentos, no sentido de uma relação entre indivíduos estabelecida de modo forte. Esta relação é de natureza histórica e verifica-se a dois níveis: entre autores ou criadores e intérpretes (ou entre obras e hermeneutas), primeiro; entre vários tipos de narradores e de histórias que se dedicam a colecções particulares de objectos, num segundo nível. O vínculo entre indivíduos é crucial no argumento de Tamen e tem uma justificação adicional: a supressão da diferença entre pessoas e coisas. Tamen refere-se "ao facto simples de textos não dizerem coisas ou de não podermos recorrer a nada (a uma instância fixa e manifesta) para decidir da legitimidade das nossas afirmações" (Tamen: 16).

Ou seja, as "perguntas a textos" – típicas da "neurose textual" e de versões mais moderadas de formalismo – são eliminadas a favor de conversas entre pessoas. Textos não respondem a pessoas, por um lado, e, por outro, não existem escoras fundacionais inamovíveis sobre as quais alicerçar de modo inequívoco as nossas opiniões e os juízos que fazemos sobre objectos ou sobre afirmações de outros. Não existem supra-instâncias epistemológicas que sirvam de fiel da balança na validação dos juízos. Há, na melhor das hipóteses, pessoas parecidas connosco com as quais se podem discutir interpretações e, por inerência, "operações" dirigidas a objectos, que ajudam a definir um lastro comum que é racional, hermenêutico e relacional. Isto não significa que o texto seja sacrificado em favor da retórica ou da subjectividade. Quer dizer, isso sim, que não há nenhum modo de garantir antecipadamente qual o método que conduz à interpretação mais adequada. Por isso, "conversas sobre interpretação" (que são conversas entre pessoas) têm exactamente a mesma dignidade hermenêutica que textos ou aspectos de textos.

Neste argumento, a interpretação é descrita à luz de um conceito particular de compreensão, que parece ganhar com um sentido pragmático e inferencial. Este movimento assenta numa concepção particular de verificação (que se liga à constatação – descrita acima – de que determinadas formas de verificacionismo parecem estar em desuso), em que os elementos de prova são considerados não como *terminus a quo* da investigação, mas antes como instigadores de uma cadeia de compreensão. Por isso,

[t]alvez convenha começar por relembrar o tipo de casos a que o conceito de compreensão diz, nas *Investigações Filosóficas*, respeito. Por um lado, ele é distinguido do conceito de processo mental: «É preciso tentar não pensar de forma alguma na compreensão como um 'processo mental' – Porque *essa* é a expressão que nos confunde. Mas perguntarmo-nos: em que caso, em que circunstâncias dizemos 'Agora sei como prosseguir?'» ... O tipo de evidências susceptíveis de funcionar para Wittgenstein como evidências hermenêuticas é, pois, de natureza pragmática: compreender é saber como prosseguir: «A gramática da palavra 'sabe' está evidentemente ligada à de 'pode', 'é capaz de'. Mas também intimamente ligada à de 'compreende'. ('Domínio' de uma técnica)» ... (Tamen: 102)

O recurso a Wittgenstein é instrumental para uma concepção de interpretação (um modo de "compreender") enquanto processo dinâmico, alicerçado numa rede inferencial e inter-subjectiva. No limite, uma espécie particular de "saber-fazer" que condiciona e, ao mesmo tempo, influencia o progresso da investigação. E é justamente disso que se trata: impor sobre a noção de "evidência" um ponto de vista deste género supõe que a interpretação é perturbada pela sua própria natureza dinâmica. Por outras palavras, poderia dizer-se que o próprio conceito de "interpretação" inclui em si possibilidades de erro, desvio e correcção, uma vez que a interpretação não funciona como estratégia de validação, mas antes como um conjunto de operações correctivas cujo objectivo é o de minimizar o desacordo.

É sabido que, em muitas das versões (mais ou menos enfraquecidas) de "neurose" textual, as evidências são coligidas de modo a fixar permanentemente o sentido de um texto, com base numa teleologia da causalidade. As evidências são tipicamente conectadas a um elenco reduzido de efeitos tidos como admissíveis no contexto de uma interpretação e que, por sua vez, autorizam a fixação mútua do sentido e da investigação. Neste argumento, porém, a causalidade é de espécie diferente: espera-se que a interpretação não seja capaz de resolver, de modo permanente e inequívoco, todos os dilemas, perplexidades e desacordos suscitados por interpretações particulares ou por teorias gerais da interpretação. Interpretar textos literários é, nesta versão, uma forma dinâmica de lidar com tais dificuldades para suprimir a diferença (ou a distância) entre "percepção e sentido" ou, de outro modo, um movimento pragmático de correcção das indecisões necessariamente geradas pelo esforço de "compreender". Isto porque, como Tamen defende em "Invention and Interpretation",

> o funcionamento da interpretação só pode consistir no facto de ela não ser capaz de ser bem sucedida para sempre, e assim, como foi muitas vezes sublinhado, no facto de requerer constantes correcções. A interpretação funciona por estar errada ou, melhor ainda, por não conseguirmos evitar que ela esteja errada. (Tamen: 27)

Esta perspectiva parece constituir um avanço substancial em relação à hermenêutica tradicional, tributária de Schleiermacher e da interpretação bíblica, cujo objectivo era precisamente fixar o sentido dos textos bíblicos a partir de uma série de versões concorrentes e, muitas vezes, incompatíveis.[47] Por outro lado, contudo, a diferença pode ser apenas de grau e não de espécie, uma vez que, ao nível da investigação, os princípios são exactamente os mesmos: decidir, de entre um conjunto de alternativas possíveis, qual a mais adequada. A grande diferença parece estar ao nível da gestão dos resultados: enquanto na primeira versão se supõe que a melhor alternativa é a definitiva, no segundo caso aplica-se um princípio de cepticismo moderado, que obriga o esforço hermenêu-

---

[47] Trata-se de uma perspectiva que é parcialmente tributária de Paul de Man, que descreveu a leitura como possibilidade de erro.

tico a questionar-se sobre as suas opções e, acima de tudo, sobre as suas conclusões.

A possibilidade de erro na interpretação é uma forma particular de chamar a atenção para o facto de a previsibilidade ser um factor menor quando entramos no terreno da "conversa sobre interpretação". O que no método científico constitui uma âncora metodológica crucial (a possibilidade de prever com exactidão o contexto de ocorrências futuras) constitui, no âmbito da hermenêutica, um não-problema: se a interpretação estivesse sempre certa, seria seguramente capaz de prever que a interpretação *a* sobre o texto *x* seria aplicável de igual modo ao texto *y* se este fosse análogo ao primeiro. Ou seja, a cada texto produzido corresponderia sempre uma interpretação adequada, determinada pela constatação de aspectos análogos a outros textos precedentes. Uma vez, porém, que, neste caso, o avanço da interpretação é decidido por uma pragmática probatória e, ao mesmo tempo, por operações de erro e correcção, não há maneira de sabermos antecipadamente se a interpretação *a* está correcta, muito menos se estará correcta para todos os contextos possíveis e, ainda menos, se ela se aplica a ocorrências futuras.[48] Isto não supõe, no entanto, qualquer espécie de atomismo, antes, repousa sobre o pressuposto da pluralidade de método, uma forma particular de tentativa e erro.

É importante verificar que talvez seja disto que García Barrientos fala quando se refere às "modas" americanas, que, no seu argumento, são descritas como politizadas, parciais, idiossincráticas e paroquiais. Neste ponto, contudo, convém precisar que parece haver, na família de argumentos de que fazem parte os de García Barrientos (e, em menor grau, também os de Segre), alguns equívocos evidentes. Desde logo, é de questionar a atribuição de um "bilhete de identidade" a determinados tipos de actividade teórica – um ponto que será desenvolvido nas conclusões deste trabalho. Mais importante ainda é denunciar a duvidosa atribuição de uma porosidade intratável a todos os tipos de actividade que não as estritamente textuais, o que nos levará a discutir, mais à frente, os usos

---

[48] Não há realmente uma grande diferença entre uma "pragmática probatória" e "operações de erro e correcção", embora se possa admitir que, em termos práticos, a primeira precede a segunda.

indevidos dos conceitos de "objectividade" e de "subjectividade". Por fim, é no mínimo arriscado negar dignidade teórica a todos os pontos de vista teóricos que excluam formas de primazia de método e, já agora, atribuir a todos os "não neuróticos" o rótulo de "agnósticos". Como Aguiar e Silva intui – e bem – há, na melhor das hipóteses, bons e maus modos de falar sobre literatura.

Se quiséssemos extrapolar esta espécie de discussão geográfica para um plano conceptual (uma perspectiva decididamente mais proveitosa), diríamos que talvez aquilo a que García Barrientos chama de "modas" é, no fim de contas, uma forma heteróclita de tratar a literatura, apoiada num modo liberal de entender os estudos literários e as humanidades em geral. Neste ponto em particular, podemos facilmente constatar que o argumento de Aguiar e Silva é de natureza diferente do de Barrientos. O primeiro descreve de que forma o alargamento das fronteiras dos estudos literários – tão exagerado a ponto de neles se incluírem formas nocivas de culturalismo – e a progressiva influência de uma retórica fundacionalista dissolveram o objecto de estudo da teoria. Para Aguiar e Silva, portanto, o problema não é territorial, mas especificamente teórico: no seu argumento, o facto de certas teorias emanarem de certos sítios é apenas uma coincidência. Como se viu, o esforço de Aguiar e Silva para promover uma teoria rigorosa e com um objecto de estudo delimitável é supra-nacional (e também supra-continental). García Barrientos, pelo contrário, inscreve no seu argumento uma forma parcial de causalidade (é, talvez, um meta-formalista), ao interpretar sinais como índices inequívocos de pertença (e ontologicamente constituídos em função dessa pertença) a determinados territórios.

A defesa de um modelo liberal do conhecimento é, também, a defesa de um modelo pedagógico de formação em que a componente "cultura" seja vista como uma totalidade – um ponto de vista democrático que torna horizontal o acesso àquilo que poderíamos descrever como um património comum de espécie. António M. Feijó enumera as características deste sistema do seguinte modo:[49]

---

[49] Em António M. Feijó, *O Ensino da Teoria da Literatura e a Universidade*. Braga: Edições da APPACDM de Braga, 1994.

Contingente e volátil, esta totalidade compõe não uma doutrina, mas um *conversational encounter* relativamente tumultuário. Cada domínio do saber constitutivo do conhecimento liberal é uma linguagem vernácula específica unicamente acessível através da literatura particular que a fixa. A interrelação destes saberes não é nem argumentativa, nem hierárquica (em que uma cientificidade regional se constituiria como tribunal de adjudicação de enunciados concorrentes, por exemplo, ou em que, no caso específico das Humanidades, estas seriam intimadas a mover-se na direcção de uma formalização crescente). Os componentes de uma cultura dada são *vozes* que se associam numa conversa ininterrupta. A educação liberal é uma iniciação a essa conversa, a delimitação de um tempo em que os alunos ouvirão vozes e os seus diferentes modos de enunciação, num espaço que deverá ser alheio a critérios de relevância ou a imperativos que as conjunturas sempre suposta e inapelavelmente ditam. (Feijó: 12)

Ou seja, há uma possibilidade muito forte de a cultura ter um papel formador sem que, para tal, seja necessário recorrer a formas particulares de culturalismo. Isto porque, se percebemos bem o argumento de Aguiar e Silva a propósito dos estudos culturais (cf. capítulo III), o problema surge justamente quando certas correntes pretendem auto-atribuir-se formas de "cientificidade regional" (genérica, sexual, ou racial) indutoras de pontos de vista judiciais sobre o conhecimento. Os "tribunais de adjudicação" de que fala Feijó são, em última análise, um correlato inevitável daquilo a que Aguiar e Silva chama de "compromisso ideológico-político" dos estudos culturais. No caso de Feijó, o que resgata a "cultura", enquanto totalidade, deste perigo idiossincrático é o facto de haver uma "literatura" (e um léxico) que fixa os limites da acessibilidade a cada campo de conhecimento. E é também por isso que, para Aguiar e Silva, a teoria da literatura tem um escopo e um método únicos.

Isto quer dizer que, sem prejuízo do carácter heterogéneo da macro--definição "cultura", parece haver sítios e modos próprios para conversar sobre certos assuntos. A esta constatação podemos acrescentar o ponto de vista de Tamen acerca da dinâmica hermenêutica, que consiste, afinal, num processo endógeno de manter a conversa a decorrer. E quer dizer também, por outro lado, que é possível identificar com clareza os termos do debate em cada área particular de estudos, o que exige, desde logo, uma clarificação conceptual que ajude, pelo menos, a balizar a conversa.

O ponto de partida é o de que "[u]ma inquirição metódica do campo específico indicado pela expressão *teoria da literatura* deverá reconhecer *in limine* a peculiar instabilidade dos termos que a denotam" (Feijó: 15; itálicos no original). Neste sentido, parte-se do pressuposto de que "talvez a natureza recente desse movimento de secularização canónica em que consiste o nascimento da «literatura» explique a não-fixidez do seu interior, onde elencos se deslocam massivamente, tradições se substituem por antagonismo, e até mesmo os critérios que configuram algum espécime como pertencente ao conjunto são perpetuamente instáveis" (Feijó: 16), uma dificuldade que justifica a subscrição, por Aguiar e Silva, do conceito de "facto literário" descrito por Tynianov. Por outro lado, "*Teoria* é uma metáfora *óptica*. O seu surgimento denotando um sobrevoo abstracto de uma multiplicidade concreta ..." (Feijó: 17; itálicos no original).

Em última análise, se coligirmos a série de argumentos de críticos portugueses que foram descritos até este ponto, chegaremos certamente a uma descrição mais ou menos aproximada daquilo que é a teoria. De acordo com Aguiar e Silva, vimos como a teoria não pode aspirar a constituir-se como ciência, pelo facto aparentemente trivial de as ciências "do espírito" resistirem ao acolhimento de leis. Este argumento rima com o argumento de Tamen acerca do erro na interpretação, que condiciona as condições de previsibilidade, limitando quer interpretações particulares quer teorias gerais da interpretação. Por outro lado, ainda segundo Aguiar e Silva, a teoria possui um âmbito e um objecto de estudo que são delimitáveis e que, por fazerem parte de uma longa tradição histórica de análise, reclamam dos seus praticantes rigor e seriedade, condições que são, estas sim, afins das que são exigidas pelas ciências ditas "duras".

Para além disto, vimos com Miguel Tamen que é mais proveitoso, em termos epistemológicos, falar sobre as conversas que pessoas têm entre si do que sobre conversas (que são, no limite, impossíveis) entre pessoas e objectos que não podem, por natureza, responder. Vimos ainda como as decisões hermenêuticas decorrentes deste modo de entender a interpretação literária partem de um conceito peculiar de "compreensão" e de uma noção particular de interpretação, que avança porque não pode deixar de criar operações e modos de se auto-corrigir e de progredir sobre uma lógica dinâmica de tentativa e erro. Trata-se, em suma, de um argumento popperiano que Aguiar e Silva também subscreve. Mais, a interpretação fornece os meios mais adequados para aproximar pessoas de pessoas, narrativas de narrativas, presenças de outras presenças, no sentido de uma "ciência do individual" que não é atómica, mas plural.

Com António M. Feijó, vimos como é possível conceber o conceito de "cultura" como uma totalidade, sob um ponto de vista liberal que a afasta de usos mais ou menos pronunciadamente idiossincráticos, como os que são tipicamente usados pelos estudos culturais para justificar as suas opções em termos de formação de juízos e de atribuição de "sentenças". Vimos ainda como as humanidades ganham em ser descritas como uma conversa ininterrupta que faculta aos seus ouvintes a admissão numa "cultura", entendível enquanto lastro racional, descritivo e conceptual que se liga entre si mesmo, a história e a espécie humana. Para além disso, o conceito de humanidades é refractário no seu interior, uma vez que existem campos de estudo particulares que podem ser descritos em termos da "literatura" que os define e do léxico vernacular que compõe essa mesma literatura. Neste sentido, a teoria é, pelo menos em princípio, uma actividade discernível, apesar da "peculiar instabilidade dos termos que a denotam".

Este resumo não foi levado a cabo com qualquer propósito elegante de síntese ou com pretensões optimistas de desfazer putativas querelas entre um modo mais tradicional – no sentido eliotiano – de fazer teoria e um modo mais contemporâneo e liberal de definir os termos dos estudos literários. Serve apenas, de modo indicativo, para constatar que o argumento de García Barrientos – tomado até agora, e para bem do argumento geral, como pelo menos parcialmente certo – pode afinal ter uma aplicação muito limitada. Ou seja, a combinação destes argumentos, vindos de quadrantes nem sempre contíguos, demonstra exemplarmente que é difícil fazer valer um vínculo sólido e preciso entre teorias e o sítio onde elas são produzidas. Até certo ponto, o argumento de García Barrientos é compreensível. Empiricamente, é tido por certo que a teoria praticada na Europa tem sido, historicamente, caracterizada por uma maior ênfase na tradição, na erudição e na delimitação rigorosa de conceitos e métodos. Esta é, aliás, uma das razões pelas quais, certamente, críticos como Eliot e poetas como Pound sentiram necessidade de emigrar para a Europa. Por outro lado, é também tido por certo que a teoria americana, escorada, em parte, na ausência de uma voz autoritária, de premissas fundacionais e de modos inequívocos de alicerçar conceitos e métodos, acolhe tipicamente formas particulares de promiscuidade metodológica, de porosidade conceptual e de anarquia metodológica, todas elas resultando da dificuldade de homogeneizar os conteúdos e problemas da teoria.

De modo muito simples, pode dizer-se que existem duas formas básicas para lidar com esta assimetria, logo que a tomemos como certa. Uma delas consiste em presumir que a teoria possui aspectos particulares consoante a sua proveniência, embora não seja propriamente fácil determinar, neste caso, o que deu origem a quê: se foi a produção teórica que propiciou o seu próprio confinamento territorial ou se, por outro lado, foi a geografia que produziu a teoria. A outra consiste em compreender a teoria como um sistema racional trans-fronteiriço e trans-continental. Neste caso, as coincidências teórico-geográficas e as causalidades artificiais entre o que se pensa e o lugar de onde se vem são vistas como acidentes, ainda que prolongados, da história.

Torna-se imediatamente óbvio que os autores portugueses analisados até agora subscrevem esta segunda posição, embora seja relativamente fácil descobrir-lhes uma filiação, ainda que parcialmente. Mas importa mais, neste ponto, apontar o que neles é comum, e que suplanta a consideração de Aguiar e Silva como herdeiro de uma tradição europeia e de Tamen e Feijó como defensores de uma tradição americana, uma diferença que é amplificada, por exemplo, no argumento unilateral de García Barrientos. Mas o que interessa por agora é a constatação de que, nos três casos descritos, o apelo ao rigor e à seriedade metodológica é comum. A isto junta-se uma confortável gestão da instabilidade conceptual que parece ser um constituinte natural da definição de "teoria da literatura"; e uma concepção de investigação hermenêutica como um processo dinâmico, não monolítico nem cabalmente definitivo, que aspira a decidir controvérsias analíticas numa perspectiva de "conversa ininterrupta". A injunção destes argumentos não é, contrariamente ao que seria de supor, uma esperança espasmódica no futuro da interpretação. É antes a afirmação de que a interpretação literária, como a teoria da literatura, os estudos literários e as humanidades globalmente consideradas, não podem deixar de ser alvo de operações e actividades racionais. Não há, em conclusão, como *não* fazer teoria.

A obra de António M. Feijó sobre o ensino da teoria da literatura em contexto universitário é, como se diz no seu prefácio, "um relatório" apresentado em contexto de carreira académica, incluindo um programa para a disciplina e as respectivas justificações. Nele, Feijó oferece um testemunho exemplar da forma como, num nível mais elevado de análise, é muitas vezes necessário exercerem-se sobre conteúdos marcadamente retrácteis formas particulares de cepticismo. Este cepticismo não é, no entanto, desprovido de fundamento. Pelo contrário, ele assenta na consideração de que a conversa ininterrupta entre pessoas só é acessível a todos os que encarem a teoria e as "humanidades" em geral de modo sério e comprometido. Este resíduo de objectividade inter-pares garante, pelo menos à partida, plataformas comuns de entendimento e de acordo. Num segundo momento, porém, convém ter em mente que não há nenhum modo de decidir *a priori* qual o método mais apropriado para avaliar o que é mais frutífero e adequado em termos hermenêuticos. Assim,

> a razão maior por que o programa seria incapaz de propor *uma* teoria da literatura reside no facto de o relator não subscrever nenhuma. Se intimado a definir-se nesse domínio, argumentaria que a intimação equivale à exigência de uma autobiografia intelectual, na qual a história da recepção de textos que, no decorrer do tempo, lhe parecerem dignos de emulação deveria ser feita. Dada a ociosidade e irrelevância desse exercício, referiria então o seu agnosticismo céptico-analítico, o qual informa as escolhas programáticas descritas no presente texto. (Feijó: 24; itálico no original)

Como Aguiar e Silva, Tamen e Feijó compreendem de modo pacífico, a teoria é inexoravelmente plural e admite um conjunto de critérios e métodos cuja caução só existe no futuro. Para estes autores é também pacífico que esses critérios e métodos são inerentemente sérios, racionais e rigorosos. Importa sublinhar que apenas um ponto de vista monolítico, estrito e causal de teoria pode autorizar que se imputem certas características ou aspectos de teorias ao sítio de onde essas teorias emanam. Nas conclusões deste trabalho procurar-se-á, justamente, impugnar a validade de argumentos desse tipo.

V
Conclusões

Este projecto foi iniciado na convicção de que seria possível tomar uma série de premissas como certas. As ideias, por exemplo, de que há uma relação toponímica entre sítios e teorias, de que há dois modos antagónicos de fazer teoria em Portugal e de que existem formas de catalogar permanentemente argumentos particulares são exemplos disso. E a verdade é que, numa primeira fase de análise, e de modo empírico, todas essas distinções fazem sentido. Há de facto, pelo menos historicamente, um sentido em que o espaço geográfico (que é uma metonímia para cultura, tradição e história) determina a produção intelectual que nele se constitui. Existem, igualmente, diferenças pronunciadas no modo como Aguiar e Silva e, por outro lado, Miguel Tamen e António M. Feijó entendem o estudo da literatura. Por fim, não há mal nenhum em proceder a formas mais ou menos rigorosas de catalogação quando se fala em teorias, jogadores de futebol, produtos de supermercado, livros, estações de rádio ou animais de estimação. Fazemo-lo, aliás, constantemente.

Quando, em 1827, cunhou a expressão "Weltliteratur", Goethe tinha certamente já em mente a existência de uma dificuldade cada vez maior em manter os critérios, premissas e modos descritivos que, durante tanto tempo, haviam legitimado as "literaturas nacionais". Na sua descrição, o espaço da literatura é um espaço plural em que convivem, simultaneamente, formas de preservar certas características distintas de uma cultura geograficamente delimitável (de uma região ou de um país, por exemplo) e processos de intercâmbio e de diálogo intelectual com as pessoas dos quintais vizinhos. Ora, a "Weltliteratur" é justamente uma síntese entre dois modos de análise: o primeiro, ditado em parte por relações incontornáveis de afinidade, semelhança e proximidade; o segundo, ditado pela crença universal de que o diálogo das humanidades é efectivamente uma conversa ininterrupta entre vozes, independentemente do lugar de onde elas se fazem ouvir.

O recurso a Goethe serve sobretudo para demonstrar que há um modo especialmente nocivo de fazer corresponder lugares a ideias. Embora seja admissível – e, até certo ponto, desejável – considerar algumas características de certas ideias típicas de uma "tendência" que está inscrita no A. D. N. de sítios geograficamente circunscritos, também não é menos verdade que, pelo menos a partir de Goethe, o acto de desenhar fronteiras passou a ser bem mais problemático do que fora até então. Até certo ponto, esta constatação é trivial e nem sequer especialmente interessante, mas ajuda a perceber o projecto goethiano de transformar a literatura numa plataforma de tráfego intelectual à escala planetária em que as partes (literaturas nacionais) ganham, e se alteram, pelo contacto com o todo ou, na pior das hipóteses, com literaturas adjacentes.

O ponto de vista benévolo de Goethe é, em grande medida, transferível para a teoria. É sabido que esta tem uma história muito mais curta do que a da literatura – pelo menos enquanto disciplina ou campo de estudo –, o que não invalida que se considere semelhante o seu processo de constituição. O formalismo, por exemplo, é considerado tipicamente europeu, assim como o "New Criticism" é anglo-americano e a desconstrução é franco-belga. Estas atribuições, embora sejam largamente arbitrárias, foram durante muito tempo úteis para arrumar as ideias em sítios determinados, muitas vezes pelo mero facto de pessoas terem passaportes. Outras vezes, o mesmo procedimento foi aplicado a sítios onde grupos de pessoas se reuniam para falar sobre certos assuntos, o que levou a que Moscovo, Tartu, Praga, o sul da América, Chicago e Paris passassem a fazer parte do mapa teórico. As "teorias nacionais", muito parecidas com as "literaturas nacionais" de Goethe, foram, em parte, construídas sobre estas estratégias de vinculação a lugares para os quais se podia apontar, por exemplo, num mapa. Parece haver, assim, pelo menos um modo em que o estabelecimento de fronteiras intelectuais corresponde de modo exacto ao desenho de fronteiras geográficas.

No entanto, no que respeita à teoria, parece ter-se introduzido um segundo nível de delimitação, decorrente de uma necessidade sobretudo prática que acontece por duas razões distintas. A primeira tem a ver com a deslocalização de teóricos ou correntes teóricas inteiras que, como se pode historicamente demonstrar, aconteceu desde sempre na Europa por vários motivos. Os formalistas russos, por exemplo, emigraram de São Petersburgo e Moscovo para Praga, ao passo que Auerbach escreveu o seu *Mimesis* na Turquia. Por outro lado, desde que a crítica anglo-americana começou a tomar forma, sobretudo a partir dos anos 20 do século passado, a crítica europeia parece ter-se constituído, progressivamente, como um bloco mais ou menos homogéneo.[50] Houve necessidade de resolver, de modo simples, uma desproporção geográfica muito acentuada – a que já se fez referência no capítulo II – entre um conjunto limitado de pequenos países e um continente heteróclito e indistinto.

Existem, então, dois níveis de demarcação de fronteiras na história da teoria: um primeiro nível em que se filiam teorias a países ou regiões mediante a atribuição de uma nacionalidade; um segundo nível, transfronteiriço, em que um conjunto vagamente homogéneo de Estados se auto-instancia, mediante vínculos familiares e aproximativos, como um bloco massivo comparável a outros blocos igualmente massivos. Este processo não oferece nenhum problema de maior, tratando-se de uma constatação tanto histórica quanto empírica. A questão está em que, talvez em função da propalada "crise das humanidades", esta bipolarização nem sempre tenha sido aproveitada da melhor maneira, o que reenvia para os "modos especialmente nocivos de fazer corresponder lugares a ideias" de que falei atrás.

Argumentos como os de Segre, Pozuelo Yvancos e, sobretudo, García Barrientos denotam uma compulsão forte para diabolizar a América teórica por contraste com o espaço europeu, onde aparentemente a teoria possui um lastro de tradição e uma estabilidade conceptual que funcionam como garante do seu estatuto. A ideia pode ser descrita como eliotiana e traduz uma desconfiança geral escorada na dicotomia cultural e histórica que caracteriza a Europa como espaço de "tradição" e a América como espaço de "inovação". Seria ocioso enumerar as razões de tal con-

---

[50] Sobre a crítica americana da primeira metade do século XX, cf. capítulo II, e ainda *American Literary History, 1900-1950*. New York: Hendricks House, 1951 (edição de Charles J. Glicksberg).

sideração – muitas delas são demasiado evidentes. O que importa reter, por agora, é que estas diferenças caucionam reivindicações identitárias profundas. Mais, num período de crise moderna, autorizam a que pelo menos um dos continentes acuse o outro de responsabilidade pelo actual estado de coisas.

Há, de resto, duas maneiras de lidar com a dita "crise". A que é representada, em parte, por García Barrientos, Segre e Pozuelo Yvancos – e ainda por argumentos análogos de outros autores – assenta numa concepção estrita de vários conceitos, notavelmente os de "teoria", "literatura" e "espaço" (tanto geográfico como intelectual). Consistem, resumidamente, na construção de dois macro-espaços dissemelhantes, aos quais a crise acrescenta uma dimensão particular de antagonismo. A outra maneira, diferente da primeira, consiste numa descrição ampla de "humanidades" como conversa ininterrupta entre vozes, o que não nos diz necessariamente que tipos de pessoas se encontram para conversar nem em que cafés o fazem, algo que, de qualquer forma, talvez não seja sequer importante. Um dos argumentos principais deste trabalho é o de que a primeira dessas formas não está certa nem errada – faz-se, continuará a fazer-se e é um hábito adquirido. Outro dos argumentos principais é o de que a segunda alternativa parece ser simultaneamente mais útil e proveitosa do que a primeira.

No capítulo II descreveram-se argumentos que, de modo mais ou menos explícito, acreditam que a Europa teórica ou, pelo menos, partes dela, possuem formas de teorizar que são distintamente reconduzíveis àquele espaço. As características que distinguem a Europa da América têm muito a ver com a forma como a primeira gere os conceitos e distinções cuidadosas que são tidas como importantes para o estudo da literatura. A estabilidade dos conceitos ajuda, neste tipo de argumentos, a corporizar o campo de estudo e a delimitar correctamente os tópicos e os procedimentos adequados, para além de garantir a perdurabilidade das discussões. Saber exactamente para onde apontar quando se exige uma explicação de conceitos, para além de ser epistemologicamente reconfortante, é um dispositivo que parece auxiliar uma fixação duradoura dos termos de qualquer debate. A Europa, um espaço onde uma história intelectual relativamente longa se transformou numa tradição cultural também igualmente longa, é o sítio exacto em que discussões teóricas são circunscritas por um tratamento mais rigoroso dos conceitos.

Este tipo de argumento, contudo, não se basta a si mesmo. Necessita, para se fazer valer, de encontrar uma contraparte que simbolize, de algum modo, uma deflação perniciosa das suas premissas mais elementares. É por isso que García Barrientos descreve a teoria americana como um conjunto indefinido de "modas", assentes no primado do sujeito e numa perturbação consistente e irreprimível do escopo conceptual. As modas, claro está, vão e vêm, são cíclicas e recorrentes, substituem-se a uma velocidade que o teórico tradicional considera, seguramente, inaceitável. O caso de Barrientos é instrumental para este trabalho, uma vez que ele é o crítico que, de modo mais explícito, traça uma linha de fronteira bem marcada entre a teoria que se faz em cada um dos dois lados do Atlântico.

Para os propósitos deste trabalho é menos importante a descrição que García Barrientos faz da teoria europeia como uma "hermenêutica da integração", corroborada por outros dos autores citados, do que a descrição que faz da teoria americana. Tido como o *locus* original da primazia do sujeito, num movimento que alegadamente diminui a função do texto na atribuição de sentido, o modo americano apresenta uma forma de gestão conceptual peculiar que se reveste de grande importância para o argumento de García Barrientos. Neste sentido, as definições, quando emanadas de um espaço onde a possibilidade de recorrermos a uma "instância fixa e manifesta para decidir da legitimidade das nossas afirmações" (cf. o argumento de Tamen, capítulo IV) é vista – ou ignorada – como uma não-possibilidade, parecem ter uma autoridade reduzida. O problema do argumento de García Barrientos é que ele tende a ser tão universal que não faz justiça a dois pontos cruciais (e de senso comum): o primeiro é que nem toda a teoria que se produz na Europa é de natureza semelhante nem uniformemente tão boa como ele parece supor; o segundo é que nem toda a teoria de aspecto americano é necessariamente redutível a uma moda efémera que deixaremos de usar no próximo Verão.

Aliás, o artigo de García Barrientos é particularmente equívoco em muitos aspectos. Como se discute no capítulo II, Barrientos parece querer fazer duas coisas ao mesmo tempo: por um lado, proclamar a teoria como uma entidade universal (e por isso trans-continental), cujo estado actual de orfandade paradigmática exige, se não um esforço comum, pelo menos uma ansiedade partilhada; por outro lado, decretar a teoria europeia (o lado da estabilidade e da tradição) como o melhor modo para lidar com esse vazio, por oposição ao modo americano, o espaço da ruptura e da subjectividade.

No argumento de García Barrientos, como noutros, o vazio liga-se ao sentido de crise permanente que parece pairar como uma sombra sobre os praticantes do estudo da literatura. Mas a sombra de Barrientos tem uma origem específica. Decorre do aumento exponencial do escopo conceptual da teoria que, aparentemente, nasce, desenvolve-se e é estimulado no espaço cultural americano.[51] Este argumento, de resto, vai ao encontro de dois argumentos de Aguiar e Silva de que se deu conta no capítulo III. A diferença, no entanto, é que Aguiar e Silva, partindo da consideração dessa metamorfose da "teoria" numa noção alargada de "estudos literários", aponta claramente responsabilidades: em primeiro lugar, a um conceito moderno e paradoxalmente fundacional de retórica; em segundo lugar, à prática politizada, institucional e ideológica de "estudos culturais", cujo carácter omnívoro parece absorver uma série de ramificações teóricas e académicas que pertenciam a outros ramos de conhecimento.

Para García Barrientos, agilizar conceitos tem a ver com uma forma muito própria de entender o estudo da literatura, uma forma específica que se pode fazer corresponder, de modo genealógico, ao espaço físico e intelectual da América. As "modas" só são "modas" porque provêm de um determinado lugar. Para Aguiar e Silva, no entanto, a perturbabilidade conceptual tem dois instrumentos precisos, a retórica e os "estudos culturais", instrumentos para os quais podemos com clareza apontar mas cujo *locus* de origem, por si só, não indicia nenhuma tendência particular. Sublinhe-se, aliás, que a retórica nasce na Antiguidade Clássica, que é europeia por definição, e os "estudos culturais" em Inglaterra, apesar das diferenças que existem entre as tradições "continental" e "anglo-saxónica" e da posterior migração deste tipo de estudos para a América.

A retórica, aliás, constitui um problema que parece exigir uma resolução enfática, para um ou outro lado. Vimos no capítulo II, por exemplo, que Pozuelo Yvancos apela a uma restauração do papel da retórica nos estudos literários, contra a consideração estrita da linguagem literária proposta pelo paradigma textualista. Como se viu, segundo este autor, a

---

[51] Para um resumo deste processo, cf. capítulo II.

"língua literária" é uma forma de "comunicação" em que a retórica desempenha um papel central, em associação com as noções de "norma" e "desvio". Aguiar e Silva, pelo contrário, descreve a retórica como uma excrescência indesejável, uma vez que no seu argumento ela é caracterizada como "fundacionalista". Isto significa que, paradoxalmente, Aguiar e Silva descreve a retórica de um modo que excede e contraria as suas definições familiares. É sobretudo através deste processo que consegue contrastar "retórica" e "ciência" e, ao mesmo tempo, reduzir à mínima espécie as pretensões de Fish e de Hillis Miller.[52] Esta atenção ao problema particular da retórica exemplifica bem um dos pontos centrais deste estudo: o de que, contra todas as evidências e contra o tom categórico do argumento de García Barrientos, a teoria dita europeia é manifestamente discordante em relação, por exemplo, ao papel da retórica.[53] Mas há mais casos em que tal acontece e, também, situações em que críticos que Barrientos *et alia* considerariam "europeus" concordam de modo enfático com os seus "adversários" do outro lado do Atlântico.

No capítulo II vimos como Remo Ceserani gere pacificamente a pluralidade de método que, em termos históricos, é característica da teoria moderna. O conflito teórico ou, dito de outro modo, a impossibilidade de uma "tirania" metodológica ajudaram a criar formas de eclectismo que beneficiam o esforço da teoria. Se quisermos ser rigorosos, teremos que aceitar que essa experiência histórica de pluralidade constitui muito do que hoje achamos que a teoria é. Apesar de não subscrever nenhuma teo-

---

[52] O que Aguiar e Silva faz, neste caso, é descrever uma versão fundacionalista da retórica, tipicamente americana (na tese de Fish) ou marxista (na de Eagleton). Aguiar e Silva não discorda do princípio invocado por Pozuelo Yvancos nem da utlidade que este dá à retórica, desde que ela se restrinja a um âmbito "regional" e a questões como a linguagem literária, norma e desvio, por exemplo. O que Aguiar e Silva não aceita é a retórica nas versões de Fish, Rorty e Eagleton, pois vê nelas (i) uma tentativa de fazer funcionar a retórica em âmbito não-regional, mas global e, logo, (ii) uma pretensão fundacionalista que, contudo, deixa a retórica aquém do estatuto de ciência. Neste ponto, Aguiar e Silva concorda com Pozuelo Yvancos, uma vez que nenhum dos dois atribui à retórica a capacidade de fundar uma "ciência da literatura" embora, no fundo, ambos acreditem na possibilidade dessa fundação, ao contrário de Fish e de Rorty, que surgem nesta descrição como estranhos fundacionalistas de um perfil anti-fundacional, mas por via da retórica, enquanto retoricistas que são.
[53] E neste ponto, perdoe-me o leitor, não vou voltar a pedir desculpas pela parca representatividade da amostra.

ria particular, Ceserani chama a atenção para o aspecto multiforme, comprovado pela história, que o discurso teórico inevitavelmente assume. A sua posição não é, contudo, completamente neutral e, talvez por isso, Ceserani remeta para uma minimização do escopo da teoria e para a recuperação do "valor ético e estético do estudo da literatura".

A filiação em "escolas" ou "teorias" parece neste ponto ser substituída por uma consideração geral sobre o que fazer ou, como o Wittgenstein de Tamen dizia, sobre "como prosseguir". António Feijó, por exemplo, também afirma não subscrever nenhuma teoria particular, exercendo uma forma de cepticismo metodológico que indicia, numa primeira forma, que a sua posição admite como hermeneuticamente possíveis uma série de teorias. Trata-se de um ponto de vista horizontal, democrático e plural, muito à medida do eclectismo de que fala Ceserani. Mais uma vez, as ocorrências parecem desmentir uma boa parte do argumento de García Barrientos: Ceserani, um "europeu minimalista", concorda com Feijó, um "americano", ao propor as teorias como ferramentas cujo número nunca é excessivo. Ambos concordam ainda que o estudo da literatura tem mais a ganhar com a admissão de preceitos gerais do com uma filiação estrita a uma ou mais teorias particulares. Nos argumentos dos dois, se bem os percebi, conta mais fazer-se parte de uma agência não-governamental de regulação do que ter-se o cartão de sócio de um clube de golfe.

Ainda no capítulo II, vimos como Antoine Compagnon, um crítico de passaporte francês, defende uma síntese entre literatura, crítica literária e história literária que, sob supervisão da teoria, garantiria o resgate da consciência crítica moderna da imobilidade que parece caracterizá-la actualmente. O argumento é parecido com o de Aguiar e Silva, que afirma o recurso à multidisciplinaridade como forma de edificar as humanidades como epistemologia. Há bastantes semelhanças de fundo entre os dois argumentos, se não ao nível dos campos de estudo a incorporar, pelo menos ao nível das premissas básicas: há um estado de inércia teórica e de desprendimento analítico que devem ser combatidos, o que só é possível alargando disciplinarmente os conteúdos. Este alargamento, contudo, é de espécie diferente do alargamento conceptual de que se falou atrás, uma vez que não há uma acção sobre os conceitos mas sobre os instrumentos que servem para operacionalizar esses mesmos conceitos.

Este movimento liga-se ao argumento wittgensteiniano de Tamen, uma vez que só a consideração dos estudos literários como um caso especial de "compreender" pode autorizar os momentos em que, na sua perspectiva, sabemos "como prosseguir". "Prosseguir", neste caso, quer dizer exactamente dar uso a capacidades que têm a ver com os nossos usos racionais de conceitos e a negociação da nossa posição epistemológica no mundo e da nossa relação com objectos no mundo e com pessoas que se ocupam das mesmas coisas que nós. Nada obsta a que, para levar a cabo estas operações, incorporemos como ferramentas coisas díspares ou aparentemente antagónicas. Como nada obsta, também, que se façam sínteses como as de Antoine Compagnon e Aguiar e Silva (no caso deste, apelando ao cruzamento inter-disciplinar de saberes e competências), naquilo que é um esforço comum para "prosseguir". Descrever o estudo da literatura como um corpo de conhecimento com necessidades específicas, uma história e uma contemporaneidade é, pois, comum a um "europeu" contemporâneo, a um "europeu" tradicional e a um "americano".

É natural que um ou outro leitor tenha ficado desiludido com o meu tratamento algo complacente das diferenças entre as duas grandes "correntes" de teoria literária em Portugal aqui apresentadas e que poderíamos, à boleia de García Barrientos, descrever como a "escola de Coimbra" e a "escola de Lisboa". Evidentemente, há diferenças substanciais entre as duas. A sua não coetaneidade pode, desde logo, contribuir para que a sua comparação seja, de algum modo, preconceituosa.[54] Até certo ponto, as diferenças entre as duas podem ter a ver com este não-alinhamento cronológico. As duas posições defendem modos de manuseamento dos problemas teóricos divergentes em muitos pontos essenciais. Aguiar e Silva, que representa um ponto de vista que descreveríamos como "tra-

---

[54] Devo acrescentar também que, para todos os efeitos práticos, me foi particularmente difícil manter uma equidistância em relação a esta questão, uma vez que, por circunstâncias biográficas, fui aluno de uma dessas "escolas", "indirectamente", e aluno da outra, "directamente", o que supõe uma desproporção particular. Explicar o sentido em que uma "escola" se contitui como "escola" (e se há mesmo sentidos em que se pode discernir uma escola em Coimbra e outra em Lisboa) seria, neste ponto, um exercício demasiado longo. Esta atribuição funciona aqui de modo especialmente vago, servindo apenas para demonstrar as possibilidades de delimitação que o uso de certos argumentos de García Barrientos pode instaurar.

dicional", defende, grosso modo, o primado do texto e, com isso, a permeabilidade da teoria a formas particulares de filologia, à linguística e a um método para-científico.[55] O seu modelo assenta na consideração de que o estudo da literatura repousa num lastro cultural e histórico, cuja natureza remete para os textos e para a produção de interpretações sobre textos.

Neste sentido particular, podemos "arrumar" o seu sistema numa prateleira formalista. Tal como vimos no capítulo III, não constitui objectivo deste estudo descrever alguns argumentos parcelares de Aguiar e Silva como forma de proceder à sua inscrição definitiva numa "escola" ou modelo teórico, uma manobra que seria, aliás, irrelevante. Apesar de tal atribuição ser perfeitamente possível e defensável, a verdade é que a colecção das suas teses descrita no capítulo em causa permitiu que o ponto de vista estrito de García Barrientos, por exemplo, fosse deflacionado. E este movimento constitui, por si só, um dos argumentos centrais desta reflexão. A conclusão geral é que certos argumentos – como o argumento toponímico de García Barrientos, Segre e, em menor grau, Yvancos – só funcionam para determinados contextos e, neste caso particular, no contexto de posições extremas, quer do lado formalista quer do lado não formalista.

Aguiar e Silva epitomiza visivelmente esta constatação. Tal sucede porque, apesar de este autor defender o apelo ao texto, por exemplo, os seus argumentos afastam-se de uma colagem aos métodos científicos ou mesmo de uma consideração eminentemente científica do campo e do objecto de estudo. Por outro lado, Aguiar e Silva demonstra como certas formas de retórica (fundacionalistas, na sua definição) são insidiosas para uma constituição rigorosa do campo da teoria. A sua invectiva não tem como alvo o discurso da retórica, mas sim a lassidão e o desprendimento de certas formas de análise. O mesmo problema se põe em relação à sua descrição universalista dos estudos literários como "humanidades" que

---

[55] Apesar de, como se viu, a sua descrição de ciência não ser kuhniana nem ter a ver com a definição familiar, de longo curso, antes se aproximando da noção dos primeiros formalistas (cf., por exemplo, Boris Eichenbaum, "A teoria do «método formal»", in Eichenbaum, *Russian Formalist Criticism – Four Essays* [com tradução e introdução de Lee T. Lemon e Marion J. Reis]. Lincoln: University of Nebraska Press, 1965 [pp. 99-139]), e devendo muito a Popper.

têm um objecto definido e exigem dos praticantes rigor, erudição e seriedade metodológica numa perspectiva multi-disciplinar. Em conclusão, Aguiar e Silva subscreve pontos de vista formalistas e não-formalistas, fundacionalistas e não-fundacionalistas. Em grande medida, ele é subscritor de uma versão moderada e alargada de formalismo, bem diferente das versões-limite às quais os argumentos de García Barrientos se aplicam.

Numa palavra, talvez Aguiar e Silva não seja, afinal, tão representativo da dignidade teórica da Europa, como seria de supor à luz dos argumentos do capítulo II. Do mesmo modo, nem Tamen nem Feijó são representantes da teoria parcial construída em torno de "modas" paroquiais. Aliás, os seus argumentos nunca passam de moda. A defesa de um sentido amplo de interpretação, fortemente hermenêutico e assente na noção de "conversa ininterrupta entre vozes", é vista como uma necessidade racional de espécie. Não há como *não* interpretar, o que implica uma atenção particular a conversas entre pessoas que descrevem objectos semelhantes, e a operações que são mais ou menos bem sucedidas na demanda por suprir a distância ontológica entre coisas e pessoas. Este modo teórico não é, contudo, definível como uma "moda" e, muito menos, uma "moda paroquial". Pelo contrário, é uma defesa da teoria como tradição de pensamento cujas exigências são, de algum modo, permanentes e estáveis. A pluralidade de método defendida por estes dois autores é, no caso, um exemplo paradigmático da sua posição, em que cepticismo não implica necessariamente o acolhimento acrítico de método e, muito menos, a adopção de uma perspectiva de "anything goes". As modas, é sabido, são inauguradas no Japão e entram em Portugal pela Galiza. A moda de Tamen e Feijó, pelo contrário, é ditada não por uma supra-entidade exógena, mas por uma necessidade muito própria de tornar o estudo da literatura numa forma de conhecimento.

É muito provável que os argumentos mais extremos de García Barrientos *et alia* se apliquem apenas e só a versões radicais de formalismo e anti-formalismo e sejam, inclusivamente, função da "crise das humanidades", uma vez que, como a história nos mostra, em tempo de crise há quase sempre uma tendência pronunciada para que os argumentos se radicalizem. É igualmente provável, pelos mesmos motivos, que a vetusta cisão da teoria em dois campos opostos (ou entre formalistas e não formalistas) esteja hoje francamente em desuso.[56] O contexto em que se pode descrever Aguiar e Silva como um formalista e Tamen e Feijó como não-formalistas é, no fim de contas, um contexto muito limitado e até desinteressante.

Talvez este trabalho não gire muito à volta do argumento de García Barrientos, mas de conclusões parciais tiradas a partir do argumento de García Barrientos. A injunção principal deste paradoxo é a de que ver a teoria como um *continuum* racional, culturalmente condicionado, autoriza que, por vezes, se façam estas coisas. O ponto é o de que considerar ideias como objectos catalogáveis não tem mal nenhum, e nem sequer é um facto especialmente digno. Aliás, este trabalho parte da consideração dos argumentos de García Barrientos, Segre e Pozuelo Yvancos como pertencentes a uma determinada prateleira. O problema não tem a ver com o acto de arrumar, mas com a prateleira propriamente dita.

Tais argumentos supõem, como já foi repetidamente dito, uma visão estrita e liminar do trabalho da teoria, em particular, e daquilo que representa o estudo da literatura no contexto das humanidades. As capacidades de catalogação e arrumação são racionais e necessárias mas, como o trabalho da teoria demonstra de modo claro, só são úteis até certo ponto. Assim, Aguiar e Silva será um "europeu" universalista, Tamen e Feijó serão "americanos" globais e todos os outros, de uma maneira ou de outra, darão em muitos cravos e muitas ferraduras ao mesmo tempo. Para além disso, fazer exercer sobre a teoria formas particulares de causalidade, numa lógica toponímica de linhagens ou genealogias, é uma prática, para além de redundante, profundamente contrária ao carácter plural, dialogante e dinâmico que caracteriza a teoria. Isto não significa, claro está,

---

[56] E isto sem prejuízo da dívida que todos os praticantes modernos têm para com o formalismo. É necessário não esquecer que, em grande medida, é o formalismo que inaugura a teoria ou, pelo menos, a noção que dela temos enquanto disciplina possuidora de um objecto de estudo e de métodos particulares. A disseminação de várias versões de formalismo pelo mundo (no interior da Europa, primeiro, e depois para vários pontos do globo, entre os quais a América) e a imersão desse modelo nas academias – de 1930, mais ou menos, em diante – foram determinantes para a noção moderna de teoria. Mas há outra consequência importante a retirar desse movimento. As constantes flutuações trans-continentais do formalismo testemunham, exemplarmente, a dificuldade que existe de fazer valer argumentos estritos em relação à paternidade das teorias. Em última instância, a existência de fluxos migratórios parece invalidar considerações genealógicas a propósito de teorias.

que não haja fronteiras ou que não possamos apontar para elas. Significa sim que, na modernidade, podemos atravessá-las sem ter de mostrar passaporte, pagar taxas ou esconder produtos proibidos no fundo das malas.

Mais do que supostas diferenças, interessou-me sobretudo demonstrar como o próprio funcionamento da teoria, em momentos avançados de análise, perturba a sua necessidade primordial de definir rigorosamente critérios e categorias. Interessou-me também (interessa sempre, acrescento) mostrar que o acto de colocar etiquetas tem muitas dimensões – tantas quantas desejarmos, talvez –, mas é preciso ir ao fundo desses actos para determinar exactamente o porquê de fazermos certas coisas a certos objectos ou ideias. A um nível superficial, Aguiar e Silva não é especialmente próximo de Tamen e Feijó, mas isto não quer dizer que as catalogações que à partida os constituem sejam justas nem, por outro lado, que os seus pontos de vista sejam radicalmente antagónicos. A um nível mais profundo de análise, é até bem possível que as suas exigências gerais sejam muito parecidas, o que só abona a favor da teoria. Resumindo, nem certas pessoas fazem coisas por terem um certo passaporte, nem as catalogações que fazemos sobre essas pessoas resistem a todas as ocorrências. Isto pode parecer, à primeira vista, trivial, mas é uma lição à qual só se chega reconhecendo, em todas as suas dimensões, o funcionamento da teoria.

Não sei se Aguiar e Silva se reverá neste texto, nem se Tamen e Feijó concordarão com muito do que aqui se escreveu sobre eles. Há duas coisas, no entanto, de que estou certo: García Barrientos e seus pares ficarão decerto incomodados com o tratamento pouco simpático que, por vezes, lhes dedico: pelo contrário, Goethe (onde quer que esteja) ficará por certo satisfeito – o seu conceito de tráfego intelectual livre e sem fronteiras, afinal, sobreviveu.

Entrevista(s) com Aguiar e Silva e Miguel Tamen

Foi pedido aos Professores Aguiar e Silva e Miguel Tamen que respondessem a um elenco comum de perguntas sobre alguns tópicos e questões levantados por este trabalho. As entrevistas foram conduzidas impessoalmente, através de correio electrónico, durante os meses de Novembro e Dezembro de 2009. A ambos agradeço a prontidão das respostas e a disponibilidade para responder e discutir assuntos que, no contexto deste estudo – e, de modo geral, da própria teoria – são tão importantes quanto estimulantes.

1 – Que balanço faz da Teoria da Literatura enquanto disciplina em Portugal nos últimos 40 anos?

AGUIAR E SILVA: A criação da disciplina de Teoria da Literatura nos *curricula* dos cursos de Licenciatura em Filologia das Faculdades de Letras, em 1957, assinala o início de um tempo novo nos estudos literários em Portugal. Um tempo novo com ritmo lento, todavia, porque não havia docentes preparados, não existia bibliografia especializada e a nova disciplina não se amoldava à orgânica jurídico – institucional das Faculdades de Letras (não houve, por exemplo, a possibilidade legal, durante longos anos, de realizar doutoramentos em Teoria da Literatura). Progressivamente, porém, o ensino da Teoria da Literatura conquistou o seu espaço institucional, modificou substantivamente o ensino e a investigação nas outras disciplinas literárias e contribuiu para enriquecer, com algumas confusões e alguns excessos pelo meio, o ensino do Português nos liceus e depois nas escolas secundárias. O balanço que faço, por conseguinte, é muito positivo, com algumas restrições: por exemplo, a articulação interdisciplinar com a Linguística Geral e com muitas áreas da Filosofia devia ter sido incentivada e aprofundada.

2 – Acha que se pode falar numa Teoria "portuguesa" ou apenas de reacções mais ou menos sistemáticas àquilo que se faz noutras partes do mundo?

AGUIAR E SILVA: A Teoria da Literatura, *ex definitione*, é «católica», na senda da Poética clássica e assim foi caracterizada, antes do Formalismo russo, por Richard Green Moulton, professor de «Literary Theory» na Universidade de Chicago. Por isso mesmo, a Teoria da Literatura, estabeleceu uma ruptura com a cartografia das disciplinas literárias constituídas sob o signo dos nacionalismos oitocentistas. Todavia, em países com uma forte tradição de estudos linguísticos, poetológicos e filosóficos, a Teoria da Literatura pode apresentar traços identitários nacionais, porque se enraíza nessa forte tradição e dela se alimenta. Por exemplo, não é difícil distinguir, nesta perspectiva, uma obra alemã e uma obra inglesa de Teoria da Literatura. Em Portugal, não existe uma tradição similar. E não valeria a pena regressar às «teses» da «Filosofia Portuguesa» ... No entanto, o espaço cultural e o tempo histórico a partir dos quais se *olha*, a partir dos quais se faz Teoria, inscrevem-se sempre nessa mesma Teoria.

3 – É tido por certo que a Teoria vive um período pós-paradigmático. A ser verdade, quais são as consequências para a Teoria?

AGUIAR E SILVA: Eu não sei se a Teoria da Literatura vive um período pós-paradigmático ou se vive – e se sempre viveu e sempre viverá – num estádio pré-paradigmático. O conceito kuhniano de paradigma implica necessariamente o conceito de «ciência normal» e eu tenho cada vez mais dúvidas de que as Humanidades sejam ciências (o que não significa que não sejam disciplinas sistemáticas, rigorosas e coerentes). Se falarmos de «paradigmas» por analogia, não podemos deixar de concordar com Foucault quando realçou, numa famosa entrevista, a irradiação e o vigor que tiveram «os diferentes tipos de formalismo que atravessaram a cultura ocidental durante todo o século XX». O exemplo mais marcante no campo dos estudos literários é decerto o *new criticism*, cujas teorias e técnicas de *close reading* alcançaram perdurável fortuna, prolongando-se na desconstrução e no próprio *new historicism*. A chamada *pós-teoria* – este prefixo *pós-*, por definição, tem prazo de validade ... – abriu justificadamente outros horizontes teoréticos, porque a literatura, na sua movência e reinvenção contínua, foi e é um discurso semântica e pragmaticamente omnívoro. A interdisciplinaridade e a transdisciplinaridade são congeniais à Teoria da Literatura e tão legítima é a sua relação interdisciplinar com a Linguística como com a Antropologia, o Marxismo, etc. Com uma chamada de atenção capital: o chamado fenómeno literário é nuclearmente um fenómeno textual, cujas formas geram sentidos. Por isso, a hermenêutica textual é a pedra de canto e o fecho da abóbada de qualquer Teoria da Literatura, para utilizar metáforas arquitecturais.

4 – Acha que há um modo "europeu" e um modo "americano" de fazer Teoria? Se sim, porquê?
AGUIAR E SILVA: Entendo que sim, por diversas razões. Na sociedade norte-americana, a literatura nunca teve a relevância cultural e simbólica que a Europa lhe atribuiu. Os Estados Unidos da América têm escolhido como seus «heróis» políticos, cabos-de-guerra, industriais e homens de negócios, mas nunca elegeriam um escritor. A literatura é sobretudo *business* do gigantesco sistema universitário que, no domínio das chamadas «ciências humanas e sociais», se tem assumido muitas vezes, nas últimas décadas, como um contra-poder frente ao poder político e aos poderes fácticos. Um contra-poder com voz dentro do *campus* universitário, mas com débil ressonância fora dele ... Ora *teoria*, a galáxia do conhecimento designada por este *nickname* – uma mescla de literatura, de filosofia, de psicanálise, de sociologia, de ideologia política ... –, tem sido um dos mais utilizados instrumentos de combate desta *intelligentsia* inquieta e não raro esquisóide, ameaçada nos últimos tempos por um «darwinismo» implacável e por uma proletarização crescente. Uma teoria quase sempre importada da *french theory*, mas que se «americaniza» sob a pressão de factores de ordem cultural, étnica, sexual, etc. Na hiperprodução de *teoria(s)* que se verifica neste contexto, há uma grande criatividade e há também muito «lixo» e muita confusão (*the theory mess*). Para mim, a Teoria da Literatura italiana, exemplo maior do modo «europeu» de fazer Teoria, tem uma densidade, um rigor, uma elegância e uma

amplitude de horizontes histórico-literários e comparatistas incomparavelmente superiores.

5 – Acredita que a Teoria tem condições para se manter como disciplina autónoma nos curricula académicos? Porquê?
AGUIAR E SILVA: «Acreditar» é uma questão de fé e «achar» é uma questão de *doxa*. Sou céptico bastante para não «acreditar» e sou suficientemente racional para me permitir «achar». Entendo que a Teoria da Literatura, como disciplina e interdisciplina que constrói um conhecimento sistemático, mesmo se fragmentário, rigoroso, congruente e sempre *im-*, *perfeito*, sobre os fenómenos denominados literários, é insubstituível nos *curricula* dos cursos de licenciatura, de mestrado e doutoramento, que tenham como objecto de estudo aqueles fenómenos (seja qual for o seu estatuto ontológico). Não basta que todas as disciplinas do campo dos estudos literários estejam adequadamente munidas de Teoria, mesmo se for «against theory» ... É indispensável que, em diálogo com outros saberes disciplinares, existam espaços curriculares dedicados ao ensino e à investigação da Teoria da Literatura.

1 – Que balanço faz da Teoria da Literatura enquanto disciplina em Portugal nos últimos 40 anos?
MIGUEL TAMEN: A Teoria da Literatura passou a existir em Portugal por exclusivos efeitos do decreto-lei de 1957 que introduziu a disciplina epónima nos curricula das universidades. Este facto teve duas consequências principais: a primeira foi a produção e a tradução de manuais e sínteses que tiveram períodos de influência marcados (o mais notável foi o manual do Prof. Aguiar e Silva.). A segunda consequência foi a produção de sínteses de sínteses que afectaram muito o ensino da literatura no ensino secundário (as mais influentes foram aquelas desenvolvidas por pessoas de inclinação metodológica a partir de autores franceses dos anos 60 e 70 do século passado). A causa destas duas ocorrências é a mesma: a possibilidade de o Estado poder determinar o conteúdo de discussões intelectuais.

2 – Acha que se pode falar numa Teoria "portuguesa" ou apenas de reacções mais ou menos sistemáticas àquilo que se faz noutras partes do mundo?

MIGUEL TAMEN: Não se pode falar de uma Teoria "portuguesa" a não ser no sentido derivativo em que livros (poucos) e artigos (muitos) foram publicados por pessoas com certos passaportes. Num sentido não-derivativo, porém, a ideia de uma teoria portuguesa é como a ideia de uma física portuguesa, de uma filosofia portuguesa ou de um hidrogénio português (mas não como a ideia de cozido à portuguesa ou de casa portuguesa). Pode no entanto acrescentar-se que, com raríssimas excepções, as coisas publicadas por pessoas com certos passaportes foram essencialmente reacções a, comentários sobre, ou propaganda de coisas publicadas por pessoas com *outros* passaportes. O praticante mais conhecido do terceiro destes géneros foi o Professor Prado Coelho (filho). O género, porém, subsistiu depois da sua morte em universidades, teatros e jornais. A popularidade explica-se por acreditarem os vários cultivadores que os seus leitores não tiveram acesso aos escritos a que *eles* tiveram acesso. Esta vantagem comparativa é precária e é assim provável que o género tenda a desaparecer onde fôr mais fácil o acesso àqueles escritos.

3 – É tido por certo que a Teoria vive um período pós-paradigmático. A ser verdade, quais são as consequências para a Teoria?

MIGUEL TAMEN: Não acredito que exista uma diferença de espécie entre "teoria" paradigmática e pós-paradigmática, e não vejo vantagens num uso intransitivo da palavra "teoria." Essencialmente, a maior parte das coisas que fazemos ao falar sobre arte podiam, como observou Anatole France, ser prefaciadas por: "meus senhores, vou falar acerca de mim próprio a respeito de Shakespeare, ou Racine, ou Pascal ou Goethe – assuntos que me oferecem uma bela oportunidade." Esta observação foi desenvolvida por Quine, que defendeu que os "paradigmas" são sempre subdeterminados pelos espasmos dos vários particulares, que os acomodarão aos seus interesses.

4 – Acha que há um modo "europeu" e um modo "americano" de fazer Teoria? Se sim, porquê?

MIGUEL TAMEN: No sentido derivativo de que falava atrás, sim. Noutro, a diferença corresponde ocasionalmente à diferença (duvidosa) entre filosofia "continental" e filosofia "analítica"; outras vezes à diferença (esporádica) entre filosofia continental nas línguas originais e filosofia continental traduzida; e finalmente à diferença (real) entre convidar professores com verbas da União Europeia e convidar professores sem essas verbas.

5 – Acredita que a Teoria tem condições para se manter como disciplina autónoma nos curricula académicos? Porquê?

Se a manutenção da disciplina de Teoria da Literatura nos curricula fosse decidida por referendo, a resposta seria 'não.' No entanto a própria ideia de curriculum mudou e está a mudar. A alteração mais importante é a proliferação de elencos de cursos opcionais; nalguns casos, ensaiou-se mesmo um sistema de majors e minors. Assim, se, por um lado, a disciplina de Teoria da Literatura perdeu o papel propedêutico (ou a reputação de rainha dos estudos literários) que tinha tido, por outro lado a sua sobrevivência é mais provável num contexto em que a sua proeminência seja menor, como por exemplo Filosofia da Religião num curriculum de Filosofia ou Grego Avançado num curriculum de Estudos Clássicos.

BIBLIOGRAFIA

AGUIAR E SILVA, Vítor Manuel, "A 'leitura' de Deus e as leituras dos homens", in *Colóquio / Letras*, nº 100, Novembro / Dezembro de 1987; pp. 19-23 (p. 21).

—, "A vocação da retórica", in *Dedalus – Revista Portuguesa de Literatura Comparada – Nº 1*. Lisboa: Edições Cosmos, 1991.

—, "Genealogias, lógicas e horizontes dos estudos culturais", in *O Trabalho da Teoria – Colóquio em Homenagem a Vítor Aguiar e Silva*. Ponta Delgada: Universidade dos Açores, 2008.

—, "As humanidades e a cultura pós-moderna", in *A Poética Cintilação da Palavra, da Sabedoria e do Exemplo* (homenagem a Aguiar e Silva, volume organizado por Fernando Paulo Baptista). Viseu: Governo Civil de Viseu, 2007.

—, *Competência linguística e Competência Literária*. Coimbra: Livraria Almedina, 1977.

—, *Teoria da Literatura*. Coimbra: Livraria Almedina, 1968 (2ª edição).

ALBORG, Juan Luís, *Sobre Critica y Criticos – Parêntesis Teórico que Apenas Tiene que Ver com la Presente Historia*. Madrid: Editorial Gredos, 1991.

CESERANI, Remo, *Guida Allo Studio Della Letteratura*. Roma, Bari: Editori Laterza, 1999.

COMPAGNON, Antoine, *Le Démon de la Théorie*. Paris: Éditions du Seuil, 1998.

EICHENBAUM, Boris, "A teoria do «método formal»", in Eichenbaum, *Russian Formalist Criticism – Four Essays* [com tradução e introdução de Lee T. Lemon e Marion J. Reis]. Lincoln: University of Nebraska Press, 1965.

ERLICH, Victor, *Russian Formalism*. The Hague, Paris, New York: Mouton Publishers, 1980 [1955].

FEIJÓ, António M., *O Ensino da Teoria da Literatura e a Universidade*. Braga: Edições da APPACDM distrital de Braga, 1994.

FEYERABEND, Paul, *Against Method*. London, New York: Verso, 2008 [1975].

GARCÍA BARRIENTOS, José-Luis Garcia, "La teoria literária en el fin de siglo: panorama desde España", in *Revista de Literatura – 2006*. Júlio-Diciembre, vol. LXVIII, nº 136.

GLICKSBERG, Charles J. (ed.), *American Literary History, 1900-1950*. New York: Hendricks House, 1951.

HIRSCH JR., E. D., "Objective Interpretation", in *Validity in Interpretation*. New

Haven & London: Yale University Press, 1967.

JAKOBSON, Roman, *Language in Literature* (Krystyna Pomorska e Stephen Rudy eds.). Cambridge & London: Harvard University Press, 1988.

KNAPP, Stephen & BENN MICHAELS, Walter, "Against Theory", in MITCHELL, W. J. T.(ed.), *Against Theory – Literary Studies and the New Pragmatism*. Chicago & London: The University of Chicago Press, 1985.

MAYORAL, José António (ed.), *Pragmática de la Comunicación Literaria*. Madrid: Arco Libros, 1987.

POZUELO YVANCOS, José Maria, *Teoria del Lenguage Literário*. Madrid: Ediciónes Cátedra, 1989.

SANZ CABRERIZO, Amélia (ed.), *Teoria Literaria Española com Voz Propria*. Madrid: Arco Libros, 2009.

SEGRE, Cesare, *Notizie Dalla Crisi – Dove va la Crittica Letteraria?*. Torino: Giulio Einaudi Editore, 1993.

TYNIANOV, Iuri, "O Facto Literário", in VOLEK, Emil (introd. e ed.), *Antologia del Formalismo Ruso Y El Grupo de Bajtin – Polémica, Historia Y Teoria Literaria*. Madrid: Editorial Fundamentos, 1992.

TAMEN, Miguel, *Amigos de Objectos Interpretáveis*. Lisboa: Assírio & Alvim, 2003.

—, *Hermenêutica e Mal-Estar*. Lisboa: Imprensa Nacional – Casa da Moeda, 1987.

—, *Maneiras da Interpretação – Os Fins do Argumento nos Estudos Literários*. Lisboa: Imprensa Nacional – Casa da Moeda, 1993.

—, *The Matter of the Facts – On Invention and Interpretation*. Stanford: Stanford University Press, 2000.

ÍNDICE

AGRADECIMENTOS	5
PREFÁCIO, POR OSVALDO MANUEL SILVESTRE	9
APRESENTAÇÃO	21
I – Avant-propos	23
II – Notícias da crise	31
III – O trabalho da teoria	53
IV – Conversas sobre interpretação	73
V – Conclusões	93
ENTREVISTA(S) COM AGUIAR E SILVA E MIGUEL TAMEN	107
BIBLIOGRAFIA	113
ÍNDICE	115